Carl Köhler

Untersuchungen zur Deutschen Staats und Rechtsgeschichte

Das Verhältnis Kaiser Friedrich II. zu den Päpsten seiner Zeit

Carl Köhler

Untersuchungen zur Deutschen Staats und Rechtsgeschichte
Das Verhältnis Kaiser Friedrich II. zu den Päpsten seiner Zeit

ISBN/EAN: 9783741158018

Hergestellt in Europa, USA, Kanada, Australien, Japan

Cover: Foto ©Thomas Meinert / pixelio.de

Manufactured and distributed by brebook publishing software
(www.brebook.com)

Carl Köhler

Untersuchungen zur Deutschen Staats und Rechtsgeschichte

Untersuchungen

zur

Deutschen Staats- und Rechtsgeschichte

herausgegeben

von

Dr. Otto Gierke,

Professor der Rechte an der Universität Berlin.

XXIV.

Das Verhältnis Kaiser Friedrichs II zu den Päpsten seiner Zeit

mit Rücksicht auf die Frage nach der Entstehung des Vernichtungskampfes zwischen Kaisertum und Papsttum

von

Carl Köhler,

Dr. phil.

Breslau.

Verlag von Wilhelm Koebner.

1888.

Das Verhältnis Kaiser Friedrichs II zu den Päpsten seiner Zeit

mit Rücksicht auf die Frage nach der Entstehung des Vernichtungskampfes zwischen Kaisertum und Papsttum

von

Carl Köhler,
Dr. phil.

Breslau.
Verlag von Wilhelm Koebner.
1888.

Was die Quellen der Arbeit anbetrifft, so sind dies natürlich zuerst diejenigen, auf die jeder, der über Kaiser Friedrich II schreibt, zurückgehen muss.

1) Huillard-Bréholles, Historia diplomatica Fridrici II. (Citiert mit H. B.)

2) Epistolae saeculi XIII selectae e regestis pontificum Romanorum a G. H. Pertz. Ed. C. Rodenberg. (Citiert mit R.)

3) Winkelmann, Acta imperii inedita saeculi XIII.

4) Böhmer, Regesta imperii inde ab anno 1198 usque ad annum 1254. Neu bearbeitet von J. Ficker. (Citiert mit R. J. V und Nummer.)

Die Quellenschriftsteller selbst sind nach der Ausgabe der Monumenta Germaniae citiert; sind sie daselbst nicht aufgenommen, so ist die benutzte Ausgabe besonders bemerkt.

Von darstellenden Werken sind benutzt:

1) Winkelmann, Geschichte Kaiser Friedrichs II und seiner Reiche.

2) Schirrmacher, Kaiser Friedrich II

sowie mehrere kleine Aufsätze.

Die neueste Darstellung Felten, Gregor IX habe ich unberücksichtigt gelassen, da dieselbe für die Reichsgeschichte ohne Wert ist, und ich durch eine Nachweisung aller tendenziösen Fälschungen der Polemik einen zu weiten Spielraum gegönnt hätte.

Zum Schlusse sei es mir vergönnt, an dieser Stelle Herrn Privatdocenten Dr. Rodenberg, auf dessen Anregung die vorliegende Arbeit entstand, für das liebenswürdige Interesse, mit dem er das Werden und Wachsen derselben begleitet hat, meinen herzlichsten Dank abzustatten.

I.

Während in dem Kampfe zwischen Kaiser und Papst am Ende des 12. Jahrhunderts der Kaiser als der Sieger erscheint, sehen wir ein halbes Jahrhundert später nach einer letzten gewaltigen Anstrengung den Papst endgiltig triumphieren. Dieser so völlige Umschwung wurde herbeigeführt durch den frühen Tod Heinrichs VI, der eintrat, ehe noch der Kaiser die letzten Consequenzen seines Sieges und seiner Stellung in Italien ziehen konnte, ferner durch die Thätigkeit Innocenz' III für die Kräftigung des Papsttums und seiner politischen Stellung und drittens durch das Verhalten Friedrichs II gegenüber den Päpsten. Auf den letzten Punkt werden wir bei der Beurteilung jener Verhältnisse das Hauptgewicht zu legen haben, denn unter Friedrichs II Regierung entbrannte jener letzte heftigste Kampf, der mit dem Untergange eines ganzen Kaiserhauses endete; durch sein Verhalten wurde der Kampf auch in einen Principienstreit umgewandelt, in eine unversöhnliche Entzweiung, die ein friedliches Abkommen zwischen beiden Parteien unmöglich machte.

Es ist natürlich, dass diese Verhältnisse die verschiedenste Beurteilung gefunden haben, und dass dieser dem Kaiser, jener dem Papste die ganze Schuld an einem solchen Ausgange der gegenseitigen Beziehungen zumessen zu können meinte; hauptsächlich aber sind die Ansichten darüber geteilt, was denn eigentlich den Grund gebildet habe, dass die Entzweiung eine unversöhnliche wurde. Wie über diesen Punkt bereits Friedrich II selbst eine andere Meinung hatte als der Papst, so haben seither sich Vertreter für beider Ansichten gefunden, je nachdem die Sache vom kaiserlichen oder vom päpstlichen Standpunkt betrachtet wurde. Auch heute noch dauert dieser Kampf, und es wird deshalb von Interesse sein, zumal da in jüngster Zeit neues Material für die Beurteilung jener Verhältnisse publiciert ist, unter Loslösung von allem übrigen nur die Beziehungen Friedrichs II zu den Päpsten seiner Zeit und die in dieselben hineinspielenden Verhältnisse zu betrachten, um so einen Massstab für die Frage zu gewinnen, wer eigentlich die Schuld an der unversöhnlichen Entzweiung trägt.

Von allen Forschern beider Parteien nie bestritten ist die Thatsache, dass Friedrich nur in Italien mit dem Papste in Conflikt geraten ist, und dass gerade die eigenartigen Verhältnisse, wie sie sich dort in der Zeit zwischen dem Tode Heinrichs VI und dem Regierungsantritt Friedrichs gebildet hatten, den Anlass zu diesem gegeben haben. Geteilt sind nur die Ansichten darüber, in welchem Teile Italiens hauptsächlich die Interessen beider Parteien aneinander gerieten, in Süditalien und Sicilien, wo Friedrichs starke Concentration der königlichen Gewalt jeden fremden Einfluss unmöglich machte, oder im Norden, in der Lombardei. Dieses behauptete der Kaiser[1], jenes der Papst[2], und es wird unsere Aufgabe sein, beide Angaben auf ihre Richtigkeit hin zu prüfen. Zu diesem Zwecke ist es unerlässlich, dass wir auf die Entwickelung der Verhältnisse in Italien in der Zeit vor Friedrichs Regierungsantritt zurückgreifen; wir gewinnen dadurch den Boden, auf dem sich der Streit entwickelt, und der zur Beurteilung der Frage notwendig ist. Im Anschluss daran würde kurz auch der erste Kampf Friedrichs mit Gregor IX zu behandeln sein, denn für unsere Frage kommen unmittelbar nur die Ereignisse in Betracht, welche zur Exkommunikation von 1239 und zur Absetzung Friedrichs 1245 führten.

Hatte schon der Tod Kaiser Heinrichs VI das Papsttum von der Gefahr befreit, ganz von kaiserlichem Gebiet umschlossen und fast aller weltlichen Macht beraubt, vollkommen von dem Willen eines mächtigen Herrschers abhängig zu werden, so war es bald darauf Innocenz III, der durch Vernichtung des deutschen Einflusses auf Italien das Ansehen des Papsttums wiederherstellte und ihm zu ausgedehnterem weltlichen Besitz verhalf. Begünstigt wurde er in seinen Bestrebungen

[1]) Vgl. den Brief v. 20. April 1239 (H. B. V, 305,6.)

[2]) Vgl. die Bannbulle von 1239 (H. B. V, 286), ferner die Erwiderung auf den Brief des Kaisers vom 20. April (Rod. 750 p. 651.)

durch die Thronstreitigkeiten in Deutschland, die alle Kraft und Aufmerksamkeit in Anspruch nahmen und ihm Zeit liessen, seine Pläne ungestört durchzuführen: und ehe sich wieder ein Herrscher um Italien kümmern konnte, war hinreichend Zeit verflossen, um die Massregeln Innocenz' genügend zu kräftigen.

Was Heinrich VI vor allen Dingen für das Papsttum furchtbar gemacht hatte, war der Umstand, dass mit Ausnahme der nächsten Umgebung Roms ganz Italien in seinem Besitze sich befand, denn dieser ungeheuren Machtentfaltung stand das Papsttum wehrlos gegenüber, da auch die mächtigste Stütze, auf die es sich bisher immer verlassen hatte, das sicilisch-normannische Königreich im Besitze des Kaisers war, welcher nicht einmal die Lehnshoheit des Papstes über dasselbe anerkennen wollte. Es galt also für Innocenz eine solche Machtverteilung zu ändern und für die Zukunft unmöglich zu machen und somit die politische Combination zu zerstören, durch die Heinrich VI das Papsttum vollständig lahm gelegt hatte. Zu diesem Zwecke galt es für ihn, sich eine weltliche Macht zu verschaffen und das päpstliche Ansehen im Patrimonium wiederherzustellen. Geschickt den Hass der Italiener gegen die Deutschen benutzend, gelang es ihm bald, nicht nur dies Ziel zu erreichen, sondern auch das Gebiet der Kirche weit über seine ursprünglichen Grenzen hinaus über Mittelitalien auszudehnen, indem er die kaiserlichen Lehensträger Markwald von Anweiler und Konrad von Urslingen aus der Mark Ankona und dem Herzogtum Spoleto vertrieb und das Land für den heiligen Stuhl in Besitz nahm. So hatte er die Grundlage des Kirchenstaates gelegt und sich mit einer breiten Masse zwischen Nord- und Süditalien geschoben, ein Umstand, welcher die Vereinigung sehr erschweren musste. Zum Schutze des neugebildeten Staates veranlasste er die Lombarden sich zu einem neuen Städtebund zusammenzuschliessen, indem er richtig erkannte, dass er sie als einen mächtigen Wall gegen feindliche Einfälle der Kaiser benutzen könne; und auch die tuskischen Städte bildeten durch das Beispiel der lombardischen angeregt einen Bund, der in grössere Abhängigkeit vom Papst trat [1].

[1] Sie waren zum Schutze des Papstes verpflichtet und empfingen von ihm ihre Verwalter, in besonderen Fällen auch direkte Befehle, cfr. Hurter, Inn. III., I, p. 138—139.

Auch in Unteritalien machte Innocenz mit Erfolg alte Rechte des Papsttums geltend. Es gelang ihm hier die Kaiserin Constanze, Heinrichs VI Wittwe, zur Anerkennung der päpstlichen Oberlehnsherrlichkeit und zum Verzicht auf einige wichtige Vorrechte bei der Besetzung geistlicher Stellen für sich und ihren Sohn Friedrich zu bewegen; er stellte damit das klare rechtliche Verhältnis der Päpste zu Sicilien wieder her, wie es vor Heinrich VI bestanden hatte, und als Constanze ihm auch die Vormundschaft über Friedrich und das balium regni übertrug, war sein Einfluss auf das Königreich auf Jahre hinaus gesichert. Und wenn er auch hier noch einigen Widerstand fand, so muss man doch sagen, dass es ihm bereits ein Jahr nach seinem Regierungsantritt gelungen war, die für das Papsttum so gefährliche politische Combination Heinrichs VI vollständig zu zerstören.

Sobald Innocenz hier sein Ziel erreicht hatte, wandte er sich nach Deutschland, um auch dort die Stellung des Papsttums für einen etwaigen Kampf mit dem Kaiser möglichst zu stärken. Er suchte dazu, wie einst sein grosser Vorgänger Gregor VII, die unabhängige Stellung der deutschen geistlichen Fürsten zu untergraben, um so auch über die Machtmittel derselben verfügen zu können. Die hohe Geistlichkeit war in Deutschland die Hauptstütze des Kaisers, namentlich gegen die territorialen Bestrebungen der weltlichen Fürsten; auf sie waren seit Otto I grosse Massen von Reichslehen vereinigt worden. Gregor VII hatte gegen sie den ersten Stoss vollführt durch das Verbot der Investitur durch Laienhand; ein heftiger Kampf entbrannte, der vorläufig durch das Wormser Concordat beendet wurde. Jetzt versuchte Innocenz III, eine günstige Gelegenheit nutzend, den Ansprüchen des Papsttums Geltung zu verschaffen, und es gelang ihm dies, da keine Centralgewalt vorhanden war, an der die Bischöfe im Notfalle einen Halt gefunden hätten. Nach langem Widerstande der geistlichen Fürsten hatte er in Deutschland folgendes durchgesetzt: Die Wahlen der Bischöfe sollen von jeder Einwirkung durch die Laien befreit, allein durch die Capitel ausgeübt werden, dem Papste oder seinem Stellvertreter soll eine Wahlprüfung und somit auch eine Wahlbestätigung zustehen, und drittens soll er das Recht haben, auch solche Leute, denen ein kanonisches

Hindernis im Wege stehe, zu Bischöfen zu ernennen[1]). Damit war der Investiturstreit zu Gunsten des Papstes entschieden.

So hat Innocenz III durch den Einfluss, den er dem Papsttum in Italien verschaffte, und die neu erworbene Disciplinargewalt über die deutsche Geistlichkeit im wesentlichen die Erfolge vorbereitet, die das Papsttum um die Mitte des Jahrhunderts erreichte.

Innocenz liess es sich aber auch angelegen sein, durch kaiserliche Anerkennung eine rechtliche Sanktionierung dieser Verhältnisse zu erlangen, und er verpflichtete deshalb immer denjenigen Prätendenten, welchen er gerade unterstützte, die Veränderungen anzuerkennen. So erklärte Otto IV 1209 zu Speier, dass er mit allen Massnahmen des Papstes einverstanden sei, und so ebenfalls Friedrich II 1213 zu Eger, dass er sowohl den Kirchenstaat, als auch die Veränderungen in der Besetzung geistlicher Stellen, sowie die päpstliche Oberlehnsherrlichkeit in Sicilien anerkennen wolle.

Wenden wir uns nunmehr zur Entwickelung der Verhältnisse in Italien unter Friedrichs II Regierung. Wir haben oben das Streben Innocenz' III gesehen, auf alle Weise zu vermeiden, dass das Gebiet der Kirche überall von derselben Macht umgeben wäre. Dieses Streben zeigt sich auch bei der Wahl Friedrichs zum deutschen König[2]). Im Interesse des Papsttums war es nötig, dass eine Personal- wie Realunion zwischen Deutschland und Sicilien vermieden würde; infolge dessen bewirkte Innocenz die Krönung des jungen Heinrich zum König von Sicilien, sobald Friedrich zur Uebernahme der Krone nach Deutschland ging; für ihn sollte dieser nur die Regentschaft führen während der Minderjährigkeit; Constanze, Friedrichs Gemahlin, war zur Reichsverweserin ernannt, sie sowohl wie ihr Sohn sollten in Sicilien verbleiben. Indessen schon im Jahre 1215, als Friedrichs Sieg nicht mehr zweifelhaft war, regte sich in diesem der Wunsch, Constanze und Heinrich bei sich in Deutschland zu haben, vielleicht, um so mehr Einfluss auf die Verwaltung Siciliens wiederzuerhalten. Aber erst nach langen

[1]) Vgl. R. Schwemer, Innocenz III und die deutsche Kirche von 1198 bis 1208, Strassburg 1882.

[2]) Für das folgende vgl. Winkelmann, Forschungen zur deutschen Geschichte I, p. 13 ff.

Verhandlungen vermochte er den Papst dazu, seine Einwilligung zu dieser Uebersiedelung zu geben, und sie wurde nicht erlangt, ohne dass Friedrich am 1. Juli 1216 noch weitere Sicherheiten gab. Er musste versprechen, gleich nach seiner Kaiserkrönung seinen Sohn aus seiner väterlichen Gewalt zu entlassen und ihm das Königreich als Lehen der Kirche ganz zu übergeben, wie er es bisher gehabt hatte. Von da an wollte er sich nicht mehr König von Sicilien nennen und wollte dafür sorgen, dass das Königreich bis zur Grossjährigkeit seines Sohnes mit Zustimmung des Papstes von einer geeigneten Person verwaltet werde, die alle Verpflichtungen und Dienste für den heiligen Stuhl zu erfüllen habe, damit nicht eine „unio" des Kaiserreiches mit Sicilien entstünde, die zwischen dem apostolischen Stuhle und seinen Nachfolgern Streit hervorrufen könnte[1]).

Indessen war es natürlich, dass bei genauerer Einsicht in die Verhältnisse Deutschlands, während er dort mit Otto IV Krieg führte, in Friedrich der Wunsch entstand, beide Reiche in seiner Hand zu vereinigen. Sein staatsmännischer Blick hatte bald erkannt, dass seine Stellung im Reiche durchaus nicht mehr die war, welche sein Vater und sein Grossvater einst gehabt hatten, gestützt auf eine grosse Hausmacht, getragen von den deutschen geistlichen Fürsten und den Ministerialen, jedem, auch dem mächtigsten Fürsten bei weitem überlegen. In den Wirren, die auf Heinrichs VI Tod gefolgt waren, war viel Privatbesitz der Staufer verloren gegangen, von Philipp und von Friedrich selbst zur Belohnung für die treuen Dienste ihrer Anhänger verwendet worden. Die veränderte Stellung der deutschen Geistlichkeit ist schon oben berührt worden, und wenn Friedrich auch jetzt an ihr eifrige Förderer fand, so verhehlte er sich nicht, dass sie sich vielleicht auch auf Befehl des Papstes gegen ihn wenden könnte, wie sie es bei Otto IV gethan hatte. Alle diese Erwägungen mussten in ihm notwendig den Wunsch erwecken, Sicilien für sich zu behalten, und er suchte deshalb Honorius III, den Nachfolger Innocenz' III, zu bewegen, ihm die Regierung Siciliens bei seinen Lebzeiten zu überlassen[2]), während er gleichzeitig die Innocenz 1216 ge-

---

[1]) Vgl. die Urkunde vom 1. Juli 1216 b. H. B. I, 469.

[2]) Vgl. den Brief vom 19. Februar 1220, Winkelmann, Acta I, 178 p. 150.

leisteten Versprechungen wiederholte[1]). Infolge mündlicher Verhandlungen bei der Kaiserkrönung wurde ihm diese Bitte gewährt, denn er führte den Titel Siciliae rex, der eigentlich von da ab ausschliesslich seinem Sohn Heinrich gebührte, ohne Widerspruch des Papstes weiter. In der Hauptsache blieb somit die Stellung Siciliens zum Reiche dieselbe wie 1212, die Realunion war ausgeschlossen und blieb es auch in der Folgezeit; aber durch die Personalunion war die Verbindung zwischen dem Königreich und dem Kaisertum doch erhalten und zwar mit Zustimmung des Papstes, und damit die Absicht Innocenz' III zum Teil vereitelt.

Die nächste Zeit nach der Kaiserkrönung zeigt uns ein fast ungetrübtes Verhältnis Friedrichs zum Papste. Der Kaiser war bis 1226 in Sicilien mit der Bekämpfung der aufständischen Sarazenen und mit der Niederwerfung der rebellischen Grafen von Celano und Aversa im Königreich, sowie mit der Ordnung der Verhältnisse daselbst hinreichend beschäftigt. Erst als er hier sein Ziel erreicht hatte, konnte er daran gehen, die Reichsangelegenheiten für den bevorstehenden Kreuzzug zu ordnen. Einer Ordnung bedürftig mussten ihm vor allem die Verhältnisse in Norditalien erscheinen. Den Abschluss der langen Kämpfe, die unter Friedrich I hier geführt waren, hatte der Friede von Constanz gebildet, in welchem bezüglich der Regalien, die der Hauptpunkt des Streites gewesen waren, festgesetzt wurde, dass dieselben in den Städten selbst der Gemeinde überlassen bleiben, in den Diöcesen aber dem Kaiser wieder zurückerstattet werden sollten. Ferner wurde die Oberhoheit des Kaisers auch betreffs der Einsetzung der consules in den Städten wiederhergestellt, den Städten dagegen hinreichende Sicherheit wegen ihrer Selbstständigkeit gegeben, so auch ihnen das Recht, ihren Bund zu erneuern, gewährleistet. Dieser Friede bildete für die Folgezeit die Grundlage für das Verhältnis zwischen dem Kaiser und den Lombarden. Als aber nach Heinrichs VI Tode die Macht der Deutschen in Italien zu Grunde ging, gewöhnten sich auch die Lombarden daran, die kaiserlichen Rechte so auszuüben, wie sie es vor Friedrichs I

---

[1]) Vgl. den Brief vom 10. Februar 1220. H. B., Rouleaux de Cluny 30 und R. J. V, 1091.

Eingreifen gethan hatten, und niemand leistete ihnen darin Widerstand, bis Friedrich II 1226 daran ging, die alten Reichsrechte wiederherzustellen, wozu er eine Curie zu Cremona ansagte. Die Lombarden jedoch, aus Furcht, Friedrich möchte ihre Selbstständigkeit vernichten, hinderten durch Sperrung der Alpenpässe jeden Zuzug aus Deutschland, den sie nur gegen Bedingungen gestatten wollten, wie sie Friedrich unmöglich annehmen konnte[1]).

Untersuchen wir nun einmal, ob die Lombarden zu einem solchen Schritt Veranlassung hatten, und ob Friedrich, wie dies vielfach behauptet worden ist[2]), schon jetzt die Absicht hatte, den Frieden von Constanz für ungiltig zu erklären und damit eine gründliche Veränderung der Verhältnisse in Norditalien herbeizuführen.

In einem Schreiben an Viterbo[3]) spricht sich der Kaiser dahin aus, dass er den Reichstag zu Cremona zusammenberufe, weil die Reichsrechte in den Wirren der vorhergegangenen Zeit verloren seien, und die Einwohner sich dort fortwährend bekämpften (qualiter iura imperii pro varietate temporis praecedentis conculcata iaceant et depressa et qualiter eius tranquillitas fuerit olim et sit usque ad haec felicia nostra tempora perturbata, universi de imperio iam senserunt et sentiunt incessanter). Deshalb wolle er die Reichsrechte wiederherstellen und die Unterdrückungen seiner Unterthanen verhindern (Volentes igitur iura imperii in statum optimum reformare subditorumque oppressionibus condolentes apud Cremonam de consilio principum palatinorum solemnem curiam indiximus celebrandam). Friedrich blieb damit durchaus auf dem Rechtsboden, den der Constanzer Friede geschaffen hatte, und wenn die Lombarden sich gegen den Kaiser zusammenschlossen und den Durchzug Heinrichs nur bedingungsweise gestatten wollten, so verstiessen

[1]) Friedrich sollte seine sicilische Begleitung entlassen, während König Heinrich und die Fürsten nur mit 1200 Pferden die Lombardei betreten sollten. Auch sollten beide sich verpflichten, gegen die Lombarden nicht die Acht auszusprechen, so lange sie in jener Gegend wären, u. s. m. Aufgezählt in dem Gutachten der deutschen Fürsten, H. B. II, 609.

[2]) So auch von Winkelmann, Friedrich II, I, p. 190.

[3]) H. B. II, 548. Dasselbe wird in gleicher Weise auch an die anderen italienischen Städte ergangen sein, denn es fehlt in ihm jede besondere Beziehung auf Viterbo; vergl. B. J. V, 1593.

sie dadurch gegen mehrere Artikel des Friedens (Art. 29 und 30 und Art. 33), die sie teils verpflichteten, dem Kaiser bei der Wiedererlangung verloren gegangener Reichsrechte zu helfen, teils auch, wenn er die Lombardei beträte, für Herstellung von Strassen und Brücken zu sorgen. Sie waren es also, die sich zuerst eine Rechtsverletzung zu Schulden kommen liessen und dadurch Friedrich zu weiteren Schritten Anlass gaben. Bemerkenswert ist auch, dass der Kaiser bei seinem Vorgehen die deutschen Fürsten, auch die geistlichen, sowie die italienischen Bischöfe auf seiner Seite hatte, und dass diese ihm zu den Massregeln rieten, die er erst ergriff, als alle Verhandlungen gescheitert waren. Und auch bei dem weiteren Vorgehen ist das Recht durchaus auf seiner Seite. Die Lombarden hatten einen angesagten Reichstag durch ihre Unbotmässigkeit verhindert, sie hatten dem deutschen König den Zugang zur Lombardei mit bewaffneter Hand versperrt und sich somit eines Friedensbruches schuldig gemacht; die Strafe, die sie hierfür traf und treffen musste, war die Reichsacht und im Gefolge davon der Verlust aller ihrer Privilegien. Friedrich konnte nicht anders handeln, als er gehandelt hat; das beweist schon das Gutachten, das die Fürsten in dieser Sache abgaben. Von einer „Hast", mit der Friedrich sie ihrer Privilegien beraubt hätte[1]), kann deshalb umsoweniger die Rede sein, als dies ja erst geschah, nachdem sie es verschmäht hatten, die von ihnen selbst gestellten Bedingungen zu erfüllen[2]). Wir müssen also daran festhalten, dass der Kaiser nur mit der Absicht nach der Lombardei gekommen ist, die in den Wirren nach seines Vaters Tode verlorenen Reichsrechte und damit die Oberherrschaft in der Lombardei auf Grund des Constanzer Friedens wiederzugewinnen; gelang ihm dies, so konnte er wohl zufrieden sein, denn die „unbestimmte Oberherrschaft" war gross genug, da der Constanzer Friede eine Summe von Rechten gewährte, die dem Kaiser die Herrschaft sicher in die Hände gab. Machten ihm die Lombarden nun Opposition, und erlangte er dadurch das Recht, weiter gegen sie vorzugehen und sie ihrer Privilegien zu berauben, so mag ihm dies wohl eine willkommene Gelegen-

[1]) Vgl. Winkelmann a. a. O.

[2]) Vgl. Friedrichs Brief an Honorius III, H. B. II, 648.

heit gewesen sein, aber nichts in unseren Quellen berechtigt zu der Annahme, dass dies schon in seiner Berechnung gelegen hat, als er den Reichstag einberief[1]). Wenn Friedrich später in den Vordergrund stellte, dass der Reichstag des Kreuzzuges wegen einberufen war[2]), so scheint das dem Einberufungsschreiben an Viterbo zu widersprechen, in welchem davon gar nicht die Rede ist; aber abgesehen davon, dass Friedrich vor Antritt des Kreuzzuges die Reichsangelegenheiten und somit auch die in der Lombardei ordnen musste, und eine Verzögerung dieser Ordnung auch eine Verzögerung des Kreuzzuges herbeiführte, so ist diese Behauptung Friedrichs auch noch aus einem anderen Grunde zu erklären. Friedrich hatte keine Militärmacht bei sich, um seine Beschlüsse durchzusetzen, und es war vorauszusehen, dass die Sache nur durch einen Schiedsspruch des

---

[1]) Dies möchte ich im Gegensatze zu Winkelmann festhalten, der behauptet, Friedrich sei schon mit der Absicht in die Lombardei gezogen, sie der Privilegien des Constanzer Friedens zu berauben. Er stützt sich dabei ausser auf die „Hast", mit der der Kaiser zu Werke ging, und von der schon oben die Rede war, auf eine Aeusserung Friedrichs, in der er die societas eine illicita nennt (H. B. II, 645), während den Lombarden im Constanzer Frieden (Art. 20) das Recht garantiert wurde, die societas zu haben und zu erneuern. Dabei darf aber nicht ausser Acht gelassen werden, dass Friedrich diesen Brief (H. B. II, 642) erst am 12. Juli schrieb, nachdem den Lombarden der Friede von Constanz abgesprochen war (11. Juli); dass ferner Friedrich hier wohl coniurationis et societatis illicitae als „unerlaubte, aufrührerische Verbindung" fasst, wie schon oben coniurationis illicitae (pag. 642), und nicht societas im prägnanten Sinne des Wortes als Städtebund der Lombardei; endlich aber, dass Friedrich in jedem Falle vollkommenes Recht hatte, eine solche societas, wie sie bestand, mit ausgesprochener Tendenz gegen den Kaiser, eine illicita zu nennen, da eine solche zu schliessen den Lombarden auch durch den Artikel 20 des Constanzer Friedens nicht gestattet war. Wenigstens glaube ich das „societatem, quam nunc habent" nur verstehen zu können: „einen Bund, wie er durch die Bestimmungen des Friedens bedingt ist".

[2]) Ich füge hier diejenigen Stellen an, wo ich den Zweck des Reichstages erwähnt finde:

H. B. II, 609. pro dicto negotio (scil. Terrae Sanctae) promovendo in Italiam veniret.

H. B. II, 642: generalem curiam pro reformatione pacis, extirpanda haeretica pravitate et Terrae Sanctae negotio celebrandam.

R. 327 p. 247: quod impediente societate vestra nequiverat (scil. imperator) iuxta propositum suum procedere contra pravitatem haereticam, quae partes illas dicitur graviter infecisse ac relevare libertatem ecclesiasti-

Papstes würde beigelegt werden können. Er musste deshalb diesem die Möglichkeit abschneiden, ein Urteil zu Gunsten der Lombarden zu fällen, und glaubte dies nicht besser thun zu können, als dadurch, dass er die letzteren als Frevler gegen die Kirche hinstellte. Aber gerade dieser Umstand gab später dem Papste die Möglichkeit, seine Entscheidung so zu treffen, dass die Lombarden hauptsächlich wegen Verhinderung kirchlicher Angelegenheiten zur Stellung von 400 Rittern für das heilige Land verurteilt wurden[1]), während Friedrich ganz leer ausging und ihnen obenein noch alles verzeihen und alle Sentenzen gegen sie widerrufen musste. Da aber der eigentliche Kern der Zwietracht zwischen ihm und den Lombarden auf diese Weise gar nicht gestreift wurde, und die Frage über die Reichsrechte ganz aus dem Spiele blieb, so konnte Friedrich sich einen solchen Schiedsspruch gefallen lassen, der ihm durchaus die Freiheit liess, auf diese Angelegenheit wieder zurückzukommen. Diese Absicht hat Friedrich auch gehabt, und wir werden sehen, dass er sie bald nachher wieder aufnahm.

Für das Papsttum barg dieser Versuch Friedrichs, die Herrschaft in der Lombardei an sich zu ziehen, eine grosse Gefahr in sich, da auf diese Weise die einzige Macht, die ausser dem Kirchenstaat die Hauptcentren der kaiserlichen Macht trennte, in die Hände des Kaisers gefallen wäre, und der Kirchenstaat allein dem Kaiser einen ernstlichen Wider-

---

cam, quae ibidem multipliciter asserebatur oppressa nec procurare subsidium Terrae Sanctae, propter quod specialiter ad partes ipsas duxerat accedendum, quodque captivi sibi contra ius et honorem imperii fuerant denegati.

H. B. II, 679: Unde contigit quod pro reformanda universali pace firmiter et ubique per mundum et pro inducendis fidelibus ad obsequium crucifixi indiximus curiam generalem Cremonae.

Auch die Annalenvermerke stellen diesen Punkt in den Vordergrund:

Ann. Col. max. S. S. XVII, p. 840: pro statu imperii reformando et negotio Terrae Sanctae.

Cont. S. Crucis S. S. IX, p. 627: pro negotio Sanctae Crucis.

Chron. Turonense, Bouquet, Recueil XVIII, p. 313: Super extirpatione haereticorum Italiae et negotio Terrae Sanctae et concordia civitatum.

Chron. Sicul. H. B. I, p. 897: super recuperatione Terrae Sanctae.

[1]) Vgl. die Entscheidung des Papstes vom 5. Januar 1227 (B. 897, p. 947.) Nach Ann. Plac. Guelfi (S. S. XVIII. p. 443) kam dieselbe nach längeren Verhandlungen im Dezember 1226 zustande.

stand entgegenzusetzen nicht vermochte. Es war daher nicht zu verwundern, wenn man päpstlicherseits mit Friedrichs Vorgehen nicht einverstanden war, und eine weitere Trübung erlitt das Verhältnis dadurch, dass Friedrich sich Eingriffe in die kirchliche Verwaltung Siciliens hatte zu Schulden kommen lassen, ohne auf die Klagen, die der Papst darüber führte, Rücksicht zu nehmen[1]). Auf die Spitze getrieben aber wurde der päpstliche Zorn durch die abermalige Verzögerung, die der Kreuzzug erlitt, als Friedrich 1227 wieder an das Land ging. Alle aufgewendete Mühe schien vergeblich, und in seinem Ingrimm hierüber exkommunicierte Honorius' III Nachfolger, der heissblütige Gregor IX, den Kaiser am 29. September und 18. November 1227. Als aber im folgenden Jahre Friedrich den Kreuzzug antreten wollte, und der Bann so gegenstandslos zu werden drohte, wiederholte ihn der Papst am 23. März 1228 und zwar nicht allein wegen des nichtunternommenen Kreuzzuges, sondern auch wegen Bedrückung der Kirche in Sicilien. Gleichzeitig war die Drohung beigefügt, wenn der Kaiser nicht die Uebelstände in Sicilien abstellen würde, so würde man ihn seines Lehens, des Königreiches, berauben; eine Drohung, die weiter keinen Erfolg hatte, als dass Friedrich für den äussersten Fall, dass Gregor wirklich Sicilien als erledigtes Lehen mit Gewalt in Besitz nehmen sollte, seinem Statthalter die Vollmacht zu-

[1]) Man könnte hier eine Aeusserung Friedrichs anführen (H. B. II, 932 sqq.), nach der er damals nichts Geringeres beabsichtigt hätte, als Wiederherstellung der königlichen Befugnisse, wie sie vor Innocenz III in Sicilien bestanden hatten: Cum imperatoribus quadringentis et amplius annis a Carolo Magno licitum fuisset, dignitates archiepiscopales necnon et ceteras omnes in singulas provincias per anulum et virgam conferre, non se Henrico patre non Friderico avo inferiorum. Cumque Siciliae reges et matrem eius Constantiam reginam electionis praelatorum ius peculiare semper habuisse constaret, eam in se unam indignitatem nec Guilelmi regis avunculi in Romanam ecclesiam beneficia nec parentis Henrici liberalitatem meruisse .... Quousque tandem patientia mea abutetur pontifex? Indessen scheint es mir sehr bedenklich, aus dieser Aeusserung Schlüsse zu ziehen, da dieselbe höchst verdächtig ist; wenigstens weisen die vielen historischen Fehler auf eine wenig unterrichtete Quelle, so die Behauptung, dass Friedrich I und Heinrich VI das Recht gehabt hätten, per anulum et virgam geistliche Stellen zu vergeben, oder dass seine Mutter Constanze das ius peculiare der Wahl der Prälaten immer inne gehabt hätte, da sie doch darauf verzichtete. Der Schluss macht die Annahme wahrscheinlich, dass es sich hier um eine blosse Stilübung handelt.

rückliess, darauf mit der Einziehung des Reichsgebietes zu antworten, das er einst dem Papst Innocenz III zu Eger zugesichert hatte[1]). Dieser aber, Raynald von Spoleto, missbrauchte diese Erlaubnis zur Erreichung seiner eigenen Zwecke; er rückte ohne Veranlassung in den Kirchenstaat ein, machte, um das Herzogtum Spoleto in seine Gewalt zu bringen, Gebrauch von seiner Vollmacht und gab so dem Papst eine willkommene Gelegenheit, nun seinerseits in das Königreich einzufallen und die angedrohte Besitzergreifung wirklich, wenn auch nur teilweise, auszuführen. Indem Gregor so gegen den Kaiser vorging, handelte er zugleich durchaus im Interesse seiner Verbündeten, der Lombarden, und er durfte erwarten, dass er von ihnen eine bedeutende Unterstützung erhalten würde. Allein alles, was diese ihm auf wiederholte Aufforderung sandten, waren 300 Ritter[2]), welche noch dazu bald nach Friedrichs Rückkehr aus dem heiligen Lande wieder in ihre Heimat gingen. Es war das für Gregor eine harte Lehre, dass gerade diejenigen, die mit ihm dasselbe Interesse hatten, und für die er rückhaltlos eingetreten war, ihn nun ganz im Stiche liessen, als es darauf ankam, ihn zu schützen; er musste bei dieser Gelegenheit einsehen, dass ihm eine so unsichere Bundesgenossenschaft nichts helfen könne, falls der Kaiser ernstlich gegen ihn vorginge. Diese Erwägungen mögen auch dazu beigetragen haben, dass es ein Jahr nach Friedrichs Rückkehr der vermittelnden Thätigkeit deutscher Fürsten bereits gelungen war, eine Einigung zwischen den Streitenden zu erzielen. Gegen das Versprechen: Der Kirche in allem, weswegen er gebannt sei, Gehorsam leisten zu wollen; allen Anhängern der Kirche zu verzeihen, alle gegen sie erlassenen Sentenzen zu widerrufen und der Kirche ihr Gebiet zurückzuerstatten, wurde der Kaiser bald darauf (28. August 1230) zu Ceperano vom Banne gelöst; einige Tage später (1. September) hatte er eine Zusammenkunft mit dem Papste zu Anagni, in der alle vorhergegangenen Wirren in befriedigender Weise aufgeklärt wurden. Es war somit die

---

[1]) Vgl. Ficker, Mitteilungen des Instituts für österreichische Geschichtsforschung IV, 3 p. 351 ff.

[2]) Vgl. Ann. Plac. Guelfi S. S. XVIII, p. 444 ad ann. 1228 und p. 445 ad ann. 1229. Ann. Plac. Gib. p. 469 ad ann. 1227.

Eintracht zwischen beiden Mächten wiederhergestellt und bei gegenseitigem guten Willen dauerte sie mehrere Jahre an, bis schliesslich durch andere Verhältnisse das Einvernehmen auf immer gestört wurde.

II.

Obwohl Friedrich die Lombarden in die allgemeine Amnestie für den der Kirche geleisteten Beistand eingeschlossen hatte, so hatte er doch durch dieselbe nicht auf die Reichsrechte in Oberitalien verzichtet und er verlor deshalb sein Ziel, die Wiederherstellung derselben, nicht aus den Augen. Zu diesem Zwecke[1]) berief er auf den 1. November 1231 einen Reichstag nach Ravenna, zu welchem auch sein Sohn Heinrich und die deutschen Fürsten erscheinen sollten; Friedrich wollte dadurch, dass er eine Militärmacht hatte, dem Misserfolg vorbeugen, den er 1226 durch seine schwache Begleitung erfahren musste. Aber auch die Lombarden regten sich aus Furcht, ihre Freiheit zu verlieren, zur Gegenwehr; auf einem Bundestage zu Bologna[2]) traten die östlichen Städte zum Bunde zurück[3]), die Veroneser Clause wurde gesperrt und der Zuzug aus Deutschland verhindert, so dass Friedrich, als er am 1. December in Ravenna anlangte, erst wenige Fürsten daselbst vorfand. Die Sache lag somit genau, wie im Jahre 1220: die Lombarden hinderten das Zustandekommen eines Reichstages, indem sie sich eines Friedensbruches schuldig machten. Friedrich ging aber nicht wieder gegen sie vor wie damals; nachdem er den Reichstag eröffnet hatte, verhängte er im Januar 1232 den Reichsbann über die Rebellen, ohne sie jedoch ihrer Privilegien für verlustig zu erklären.

Der Papst hatte diesen Ereignissen von Anfang an nicht teilnahmlos gegenüber gestanden. Auch er war offenbar der Ansicht, dass in Oberitalien etwas zur Ordnung der Verhältnisse

[1]) Vgl. H. B. III, 266.

[2]) 26. October 1231. Vgl. Ann. Plac. Gnelf SS. XVIII, p. 453.

[3]) Vgl. H. B. III, 291.

geschehen müsse, und da er Friedrichs Verlangen nicht ohne weiteres als ungerechtfertigt bezeichnen konnte, vor allem aber einen Krieg zwischen dem Kaiser und den Lombarden, dessen weitere Folgen für seine eigene Machtstellung unabsehbar waren, vermeiden wollte, so suchte er die letzteren zu bewegen, diesmal dem Reichstage kein Hindernis in den Weg zu legen, besonders da Friedrich ihm versichert hätte, nichts gegen ihre Freiheit zu beabsichtigen [1]). Indessen hatten seine Bemühungen keinen Erfolg, und er sah sich genötigt, wollte er überhaupt seine vermittelnde Stellung nicht aufgeben, Unterhändler abzusenden, die eine Einigung zu Stande bringen sollten [2]). Ihren Bemühungen gelang es, beide Parteien zu einem Compromiss zu bewegen, der am 13. Mai 1232 zu Padua geschlossen wurde. Danach sollten sich die Streitenden entweder dem Schiedsspruch der beiden Cardinäle oder, falls es diesen nicht gelänge, eine Einigung zu erzielen, dem des Papstes und des Cardinalkollegiums unterwerfen; für den Weigerungsfall wurde eine Conventionalstrafe von 20000 Mark Silber festgesetzt. Der Compromiss sollte sich zunächst nur erstrecken auf die dem Kaiser durch Verhinderung des Reichstages von Ravenna zugefügte Beleidigung, sollte aber auch auf jeden anderen Streitpunkt ausgedehnt werden, falls ein solcher zu Tage trete [3]). Gleichzeitig sollte über eine Sicherheit beraten werden, die der Kaiser dem Bunde zu geben hätte, wenn sein Sohn und die deutschen Fürsten über die Alpen kämen [4]).

Eine Einigung durch die Cardinäle scheint nicht zustande gekommen zu sein, denn am 26. Januar 1233 forderte der Papst noch beide Parteien auf, Boten mit gehöriger Vollmacht zu ihm

[1]) Vgl. R. 452 p. 365, 454 p. 366 und 455 p. 367.

[2]) Es waren dies die Cardinäle Jacob von Palestrina und Otto von St. Nicolaus.

[3]) Vgl. die Compromissurkunde b. H. B. IV, 348 ff. In einem Zusatzprotokoll aber wurde dies dahin eingeschränkt, dass in diesem Falle die Parteien nur an die Entscheidung gebunden sein sollten, wenn sie derselben besonders zugestimmt hätten, was die Entscheidung der Kirche vollständig illusorisch machte.

[4]) Für Friedrich war das letztere von keiner Bedeutung mehr, da er eben in dieser Zeit durch den Uebertritt der Romano und der Stadt Verona sich die Hauptstrasse nach Italien gesichert hatte.

zu senden[1]). Dies geschah, und der Spruch des Papstes vom 5. Juni[2]) lautete dahin, dass Friedrich und sein Sohn den Lombarden alles verzeihen und alle Sentenzen gegen sie widerrufen sollten; die Lombarden sollten 500 Ritter zu einem vom Papst näher zu bestimmenden Termine für das heilige Land stellen und allen Anhängern des Kaisers Frieden bewahren. Es ist selbstverständlich, dass Friedrich zunächst keineswegs geneigt war, ein solches Urteil des Papstes anzuerkennen, in welchem derselbe offen die Partei seiner Gegner ergriff. Er sprach dies auch deutlich aus in einem Briefe an den Cardinalbischof Raynald von Ostia[3]), worin er die Gründe auseinandersetzte, die Gregor zu einer anderen Entscheidung hätten führen müssen: Indem die Lombarden den Schützer der Kirche verletzten, vergingen sie sich gegen die Kirche selbst; in der Hoffnung auf ein unparteiisches Urteil habe er die Sache dem Spruche des Papstes unterworfen, müsse sich aber wundern, dass der Cardinal einem solchen zugestimmt habe, der für ihn keine Genugthuung enthalte, des Reiches Ehre aber gar nicht in Betracht ziehe. Zum Schluss fügte er als Warnung hinzu: Wenn solch ein Urteil erst bekannt werde, so würde kein Fürst mehr seine Angelegenheiten der Entscheidung der Kirche überlassen. Dem Papst selbst hatte Friedrich erklärt[4]), dass er zunächst die Ankunft des Deutschordensmeisters erwarten wolle, der in dieser Angelegenheit am besten Bescheid wisse[5]). Der Brief an den Cardinal Raynald reizte jedoch den Papst auf's äusserste; in heftigem Tone erwiderte er am 12. August[6]): Welches seien denn die Beleidigungen durch die Lombarden? Wenn dem Kaiser die Entscheidung nicht passe, so könne ja noch alles hergestellt werden, wie es vorher war, d. h., er solle doch versuchen, sich selbst sein Recht zu holen. Gregor wusste recht gut, dass Friedrich augenblicklich am wenigsten sich mit den Lombarden einlassen könnte. Fortwährend durch Empörungen in Sicilien beunruhigt, längst schon in Sorge über das Ver-

[1]) Vgl. R. 505 und 506 p. 405.
[2]) Vgl. R. 531 p. 426.
[3]) H. B. IV, 442.
[4]) H. B. IV, 441.
[5]) Derselbe war des Kaisers Unterhändler gewesen.
[6]) R. 559 p. 445.

halten seines Sohnes in Deutschland, musste der Kaiser gewärtig sein, dass bei kriegerischen Verwickelungen mit den Lombarden alle seine Feinde zugleich auf ihn einstürmen würden. Friedrich selbst verschloss sich diesen Erwägungen ebenfalls nicht; bevor er den Brief des Papstes empfing[1]), nahm er am 14. August den Entscheid desselben an, in der Hoffnung, dadurch wenigstens vor den Lombarden Ruhe zu haben und seine ganze Macht auf die Ordnung der Verhältnisse in Deutschland konzentrieren zu können. Auch enthielt ja der Spruch des Papstes nichts, was Friedrichs Rechten in der Lombardei irgendwie präjudicierte. Die Verhandlungen, die über die letzteren stattfanden[2]), hatten keinen Erfolg, da die Lombarden die kaiserlichen Forderungen teils ablehnten, teils bedeutend modificierten.

Durch die Annahme des päpstlichen Schiedsspruches war das gute Einvernehmen augenblicklich wiederhergestellt, denn jeder von beiden, Friedrich wie Gregor, war auf die Hilfe des andern angewiesen. Der Papst hatte die Unterstützung des Kaisers gegen die Römer nötig, die ihn 1233 und abermals 1234 aus ihrer Stadt vertrieben, und dieser war umsomehr bereit, dieselbe zu leisten, als er dadurch sich den Papst verpflichtete und ihn bei seinem Vorgehen gegen seinen Sohn Heinrich auf seiner Seite hatte. Aber die Hilfe, die Friedrich dem Papste zu Rieti im Juni 1234 freiwillig gegen die Römer zu leisten versprach und auch wirklich leistete[3]), wird denselben nicht so sehr freundschaftlich gestimmt haben, als vielmehr die Aussicht, den Punkt, welcher die Selbstständigkeit der Lombardenstädte und somit seine eigene bedrohte, durch einen Vergleich aus der Welt zu schaffen. Der Kaiser hatte nämlich, wie schon 1232 Hermann von Salza in seinem Auftrage[4]), dem

---

[1]) Es ist nicht denkbar, dass Friedrich einen Brief vom 12. August aus Anagni bereits am 14. August in Castro S. Giovanni gehabt hätte.

[2]) Vgl. die Urkunden bei Ficker, Urkunden zur Reichs- und Rechtsgeschichte Italiens Nr. 337 und 338.

[3]) R. 602 p. 488 und anderwärts spricht der Papst von den Leistungen des Kaisers gegen die Römer durchaus anerkennend. Dagegen fällt nicht sehr ins Gewicht, wenn er zur Zeit der erbittertsten Feindschaft in der Encyklika „Ascendit de mari bestia" vom 1. Juli 1239 (R. 750 p. 649) das Gegenteil behauptet, ja ihm geheimes Einverständnis mit den Römern vorwirft.

[4]) Vgl. den Compromiss von Padua vom 13. Mai 1232: Et si inter im-

Papste auch die Entscheidung seiner principiellen Streitigkeiten mit den Lombarden überlassen (April 1234). Es war dies allerdings, wie Winkelmann richtig sagt, ein Akt berechnender Staatsklugheit, indessen doch wohl nicht ganz durch die Gründe veranlasst, die er aufführt [1]). Es musste Friedrich doch vielmehr zunächst beeinflussen, dass er dadurch Sicherheit vor zwei Gewalten mit einem Mal bekam: vor dem Papst, dem er keinen grösseren Gefallen erweisen konnte, als ihm die Möglichkeit zu geben, zwischen den beiden Parteien zu vermitteln, deren feindliches Zusammenstossen er im eigenen Interesse um jeden Preis verhindern musste: vor den Lombarden, die er dadurch von jeder feindseligen Handlung, vor allem von einem Bündnis mit Heinrich zurückhalten wollte. Das erstere gelang; ja der Papst trat durchaus auf Friedrichs Seite und liess ihm die umfassendste Unterstützung gegen seinen Sohn zu teil werden [2]). Die Lombarden dagegen vereitelten durch ihr Verhalten nicht nur diese Hoffnung des Kaisers, sondern machten auch jede Vermittelung des Papstes unmöglich. Schon von vornherein zögerten sie, sich ihrerseits der päpstlichen Entscheidung anzuvertrauen, und auch mehrere päpstliche Schreiben [3])

---

peratorem etc. H. B. IV, 349. Dass Hermann von Salza dieses Zugeständnis ohne Wissen des Kaisers gemacht haben sollte, ist undenkbar.

[1]) Fr. II, I, 427.

[2]) Der Befehl des Papstes an den Erzbischof von Trier vom 5. Juli 1234 (H. B. IV, 473), worin er demselben befiehlt, über Heinrich die Exkommunikation zu verhängen, falls dieser sich nicht füge, ferner die Encyklika vom 13. März 1235 (R. 630), sowie die Citationen der Anhänger Heinrichs unter den Bischöfen (R. 631), haben wohl nicht wenig auf die Haltung der deutschen Geistlichkeit eingewirkt. Auch verhinderte Gregor eine Unterstützung Heinrichs durch Ludwig von Frankreich (H. B. IV, 537.). Sein Ausdruck in der Encyklika „Ascendit de mari“ (R. p. 651): „quasi de novo in imperatorem erigens“ beruht dagegen wohl auf Selbstüberschätzung. Vgl. auch Winkelmann Fr. II, I, p. 529.

[3]) R. 581—583 p. 472—74, 587 p. 477 und 603 p. 489 ff. An letzter Stelle steht zugleich die Form des Compromisses, welchen die Lombarden ausstellen sollten. Dass ein solcher von ihnen wirklich ausgestellt worden ist, erscheint nach unseren Quellen als höchst zweifelhaft. Es deutet nichts direct darauf hin, als eine Aeusserung Friedrichs (H. B. IV, 876), dass die Lombarden „praedicto compromisso pendente contra nos cum filio nostro coniurationis foedera contraxerunt“, wo man aus dem „compromisso pendente“ vielleicht darauf schliessen könnte. Ficker R. J. V, 2042 nimmt es als gewiss an, wahrscheinlich veranlasst durch die Urkunde bei Pertz L. L. II, p. 303, in der

konnten sie nicht dazu bewegen, trotzdem dieselben die Versicherung enthielten, dass sie als „speciales ecclesiae filii non absque offensione ecclesiae" beleidigt werden könnten. Auch die Warnung des Papstes, den Kaiser nicht durch feindliche Handlungen zu reizen, damit er sich nicht mit Recht über sie beklagen könne, beachteten sie durchaus nicht, sondern fielen über die kaiserfreundlichen Städte her. Entscheidend aber für den späteren Verlauf der Ereignisse und besonders auch für die Beurteilung des Rechtsverhältnisses im Kampfe zwischen Kaiser und Papst ist eine andere Handlung gewesen, die sich die Lombarden zu Schulden kommen liessen: ihr Bündnis mit König Heinrich vom 17. December 1234[1]. Durch dasselbe geriet der Papst in die schwierigste Lage; seine Stellung zu den Lombarden und zum Kaiser wurde in einer Weise geregelt, die seinen Interessen und seinen Absichten gerade zuwiderlief. Hatte der Papst dem Kaiser zu Rieti Unterstützung gegen seinen Sohn zugesagt und leistete er ihm dieselbe in der Folgezeit, so war es für ihn unabweisbare Pflicht, auch gegen die Helfershelfer vorzugehen und, wie er es gegen die deutschen Bischöfe that, nunmehr auch gegen die Lombarden auf die Seite des Kaisers zu treten. Unmöglich war es ihm aber gemacht, die Lombarden irgendwie zu unterstützen, denn sie waren Reichsrebellen. Während also die rechtliche Folge des Bündnisses den Papst auf die Seite des Kaisers verwies, zeigte ihm sein eigenes Interesse den entgegengesetzten Weg. Danach musste er alles vermeiden, was die Macht der Lombarden schwächen konnte, denn nur wenn sie in ihrer Integrität erhalten wurden, konnte auch die territoriale Macht des Papsttums bestehen bleiben. Sein eigener Vorteil gebot ihm somit

---

aber bereits Huillard-Bréholles eine blosse forma compromissi vermutete, die den Lombarden zum Zwecke der Ausstellung vom Papste übersandt war, eine Ansicht, die jetzt durch H. p. 490 Anm. 1 bestätigt ist.

[1] H. B. IV. 704. Dasselbe verpflichtete den Lombardenbund zur Hilfeleistung nur innerhalb des eigenen Landes, während Heinrich Unterstützung gegen jeden Feind versprach. Es scheint also der Hauptzweck gewesen zu sein, dem Kaiser den Weg zu verlegen, damit Heinrich Zeit hätte, seine Stellung zu nehmen. Den Papst als dritten im Bunde hinzustellen (Schirrmacher, Friedrich II, I, 238, 242), erlaubt schon die obenerwähnte Unterstützung nicht, die derselbe Friedrich zu teil werden liess. Vgl. auch Winkelmann. Friedrich II, I, 459.

die Lombarden gegen den Kaiser zu unterstützen, auf keinen Fall aber durfte er durch Unterstützung des Kaisers die Hand dazu bieten, dass Friedrich auch in Oberitalien unumschränkter Gebieter würde und dann den Kirchenstaat umschlossen hielte.

Es ist selbstverständlich, dass sich Gregor einem solchen Widerstreit zwischen seiner Pflicht und seinem Interesse zu entziehen suchte. Eine Möglichkeit dazu bot sich ihm dadurch, dass ihm die Entscheidung über die streitigen Reichsrechte anvertraut war. Gelang es ihm, diese Entscheidung noch hinauszuschieben, so konnte er hoffen, dass der Ausbruch der Feindseligkeiten vermieden würde, oder wenn nicht dieses so doch, dass sich alsdann seine diplomatische Lage soweit gebessert hätte, dass ihm die Möglichkeit bliebe, seine Stellung frei zu wählen. Dazu war aber vor allem nötig, dass der Kaiser den Compromiss auch noch weiter gelten liess, und um dies zu bewerkstelligen, sandte Gregor am 28. Juli 1235 ein Schreiben an die zur Curie in Mainz versammelten deutschen Fürsten[1]), sie möchten den Kaiser bewegen, an dem Compromiss festzuhalten und von seinem Groll gegen die Lombarden zu lassen. Indessen war Friedrich nicht geneigt, den günstigen Augenblick zu versäumen, sich Oberitaliens zu bemächtigen; in Deutschland Sieger, vermochte er mit um so grösserer Macht gegen die Lombarden vorzugehen, als ihm die deutschen Fürsten eine Unterstützung gegen die Reichsrebellen nicht verweigern konnten, und er nützte diese günstige Stellung so aus, dass er schon am 24. August 1235 in der Lage war, dem Papste zu antworten: Die Fürsten und Grossen hätten einstimmig den Entschluss gefasst, die Lombarden für die dem Reiche angethanen Beleidigungen zu strafen; infolge dessen würde er im nächsten Frühjahre mit zwei grossen Heeren nach Italien kommen. Deshalb wolle er zwar die Entscheidung des Papstes auch jetzt noch anerkennen, doch müsse dieselbe spätestens bis Weihnachten gefällt sein, sonst könne er sich an dieselbe nicht mehr binden. Wahrscheinlich ist es besonders der Einfluss des Hermann von Salza gewesen, der den Kaiser zu diesem

---

[1]) R. 848 p. 547. Vielleicht auch in derselben Angelegenheit an den Kaiser, wenigstens legt die Erwähnung des Magister Petrus als Boten in dieser Sache im Briefe Friedrichs (R. J. V, 2107) diese Vermutung nahe.

grossen Zugeständnis mit bewog. Dem Papste jedoch war gerade mit dieser Einschränkung nicht sehr gedient; denn erstens hatte er die Lässigkeit der Lombarden hinreichend kennen gelernt und wusste wohl, dass es ihm wahrscheinlich nicht gelingen werde, die Verhandlungen bis dahin zu beenden; zweitens aber lag ihm daran, die Verhandlungen möglichst lange hinzuziehen, denn wenn es ihm gelang, den Eifer der deutschen Fürsten erst etwas abkühlen zu lassen, so konnte er darauf hoffen, dass Friedrich seinen Zweck in der Lombardei nicht ganz erreichen würde. Aber auch der Fall, dass Friedrich nicht von einem energischen Vorgehen gegen die Lombarden zurückgehalten werden könnte, musste jetzt in den Kreis der Erwägungen gezogen werden. Drei Wege standen dem Papste hier offen: Unterstützung des Kaisers, Unterstützung der Lombarden und Neutralität. Dass Gregor den ersten Weg überhaupt nicht, den zweiten seiner diplomatischen Lage wegen augenblicklich nicht offen einschlagen konnte, ist schon oben ausgeführt; aber auch der dritte war für ihn sehr gefährlich, denn wenn es einmal zum Kriege kam, so war vorauszusehen, dass die Lombarden unterliegen würden, da Friedrich sich einer so umfangreichen Unterstützung erfreute und sich aus Deutschland stets mit neuen Truppen, aus Sicilien mit Geld versehen konnte. Es war also für die Existenz des Kirchenstaates eine unabweisbare Notwendigkeit, dass die Lombarden Unterstützung erhielten, sie konnten eine solche aber nur vom Papste bekommen. Dass Gregor sich bereits in dieser Zeit mit diesem Gedanken vertraut gemacht hat, dass er sich bereits entschlossen hat, im Falle der Not gegen den Kaiser für die Lombarden aufzutreten, wird durch den Zusammenhang seiner Politik in der Folgezeit vollständig klar; deutlich ausgesprochen hat er es in einem Briefe an Hermann von Salza vom 22. September 1235 [1]), in dem er sich über die Beschränkung beklagt, die ihm in seiner Vermittlerthätigkeit auferlegt wurde. Es heisst da am Schlusse, nachdem er den Deutschordensmeister aufgefordert hat, den Kaiser des heiligen Landes wegen von seinem Vorhaben abzubringen, in drohendem Tone: „nuntiaturus eidem, quod si iamdictae provisionis tenorem, quod absit, infringens

[1]) R. 657 p. 557.

contra Lombardos, maxime si se praecise in manibus ecclesiae ponere sint parati, hoc potissimum tempore iuxta praedictum consilium procedere moliretur, ... id pati equanimiter eandem ecclesiam non deceret etc."

Noch war es indessen nicht so weit, noch war Hoffnung vorhanden, dass eine Vermittelung zustande kommen werde. Der Papst forderte deshalb beide Parteien auf, ihre Machtboten zu senden, aber er musste dieselbe Erfahrung machen, wie bei seinen Friedensbestrebungen in den früheren Jahren. Trotz wiederholter Aufforderungen fühlten sich die Lombarden nicht veranlasst, ihre Unterhändler zu senden; Weihnachten und Lichtmess[1]) waren verstrichen, ohne dass irgend etwas für den Frieden hatte geschehen können, ja die Städte hatten von neuem den Kaiser erbittert teils durch Erneuerung ihres Bundes, teils durch die versuchte Ueberrumpelung von Verona, deren Gelingen dem Kaiser einen unersetzlichen Verlust zugefügt hätte[2]). Dieses Verhalten derselben musste dem Papst zeigen, dass eine Einigung unmöglich sei, und dass es deshalb für ihn gelte, sich eine Stellung zu schaffen, die ihm ermöglichte, gegen den Kaiser für die Lombarden zu wirken, und die ihm in den Augen der Welt die Berechtigung gab, jederzeit offen gegen Friedrich hervorzutreten. Jenes erreichte er dadurch, dass er noch immer, trotzdem der vom Kaiser gesetzte Termin längst verstrichen war, an dem Compromiss festhielt, was ihm möglich machte, unter dem Scheine des Rechtes mit den Lombarden zu verkehren und ihnen heimliche Unterstützung angedeihen zu lassen; dieses durch eine Reihe von Beschuldigungen, die um diese Zeit zuerst in geschlossener Masse auftretend, von jetzt ab das Verhältnis zwischen Kaiser und Papst begleiten. Wie gut es ihm gelungen ist, den eigentlichen Kernpunkt der Sache zu verdecken, beweist der Umstand, dass es erst neueren Forschern vorbehalten war,

---

[1]) 2. Februar, Purificatio Mariae, war der vom Kaiser nachträglich zugestandene äusserste Termin, vgl. H. B. IV, 876/7.

[2]) Es ist bezeichnend für das Verhältnis zwischen Kaiser und Papst und für die Erwartungen, die Friedrich von Gregor hegte, dass er diesem die Schuld an beiden Ereignissen zuschiebt, wie aus der Verteidigung des Papstes vom 29. Februar 1236 (R. 676 p. 574) hervorgeht. Ueber die Wahrheit dieser Beschuldigung lässt sich natürlich nichts erweisen.

darauf hinzuweisen, wie wenig Einfluss diese Beschuldigungen in Wahrheit auf das Verhältnis der beiden ausgeübt haben.

Den ersten entscheidenden Schritt in dieser Beziehung that Gregor am 29. Februar 1236 in einem Briefe, der neben seiner eigenen Verteidigung wegen der Vorgänge in der Lombardei hauptsächlich dem Versuche dienen sollte, den Kaiser als Frevler gegen die Kirche hinzustellen, die, wie er beschuldigt wurde, in Sicilien auf vielfache Weise durch ihn geschädigt worden war. Es ist unleugbar, dass Friedrich in der That sich in dem Bestreben, Sicilien allein von seinem Willen abhängig zu machen, auch gegen die Rechte der Geistlichkeit vielfach vergangen hat. Bei vielen Anschuldigungen lässt sich auch der Thatbestand nicht mehr feststellen, und man kann nicht sagen, ob die Verteidigung Friedrichs gelungen ist. Wo aber eine Controlle möglich ist, da müssen wir sagen, dass der Kaiser durchaus nicht so schuldig erscheint, und dies bestärkt noch den Eindruck, dass alles nur ein Vorwand ist.

Daneben gab Gregor seine Vermittlerrolle nicht auf. Die lombardischen Machtboten waren nach der Abreise der kaiserlichen Gesandten doch noch in Rom erschienen, ihre Entschuldigung, augenscheinlich durchaus nichtig, weil sie sonst dem Kaiser nicht vorenthalten worden wäre, war vom Papste angenommen worden. Aber sein Versuch, den Deutschordensmeister zur Rückkehr zu bewegen, scheiterte, und er sah sich genötigt, sich deswegen an Friedrich selbst zu wenden[1]. Indem er hier die versteckte Drohung wiederholt, die er bereits gegen Hermann von Salza ausgesprochen hatte, und den Kaiser warnt, gegen die Lombarden vorzugehen, ehe er seine Entscheidung gefällt hätte, versucht er noch durch einen neuen Punkt die Aufmerksamkeit desselben von der Lombardei abzulenken, nämlich durch einen Kreuzzug, den er jetzt plötzlich für sehr notwendig hält. Friedrich antwortete ihm darauf, dass er zunächst sein Erbe Italien von der Ketzerei zu befreien gedenke, ehe er an die Bekämpfung der entfernteren Sarazenen gehe[2]; ebenso weist er in einem Briefe vom 16. April auch die Beschuldigungen betreffs der sicilischen Kirche zurück[3]. Er

---

[1]) 21. März 1236, R. 678 p. 577.
[2]) H. B. IV, 881. R. J. V, 2159; nach Ficker in den Mai gehörig.
[3]) H. B. IV, 829.

könne auf so allgemein gehaltene Vorwürfe hin weder sich verteidigen noch Abhilfe schaffen, auch sei es ihm unmöglich, sich von Deutschland bis nach Sicilien vernehmlich zu machen oder in so weiter Entfernung alles zu erkennen. Am Schlusse warnt er den Papst noch, gegen die Veroneser den Bann auszusprechen, da eine solche Massregel den Gerüchten, die von ihm eine Beteiligung an jenen Ereignissen behaupteten, neue Nahrung geben würde[1]). Alles dies konnte Gregor nicht im Zweifel darüber lassen, dass Friedrich entschlossen sei, seinen Zweck in der Lombardei zu verfolgen, selbst auf Kosten seines guten Verhältnisses mit der römischen Curie, und diese Erkenntnis veranlasste ihn, zumal er nicht ernstlich für die Lombarden eintreten konnte, auf dem eingeschlagenen Wege heimlicher Begünstigung derselben fortzugehen. Am 10. Juni benachrichtigte er den Kaiser, dass er „zur Stillung der Unruhen" den Cardinalbischof Jacob von Praeneste nach Oberitalien entsendet habe, und ersuchte ihn gleichzeitig, den Deutschordensmeister zu nochmaligen Unterhandlungen nach Rom zu schicken. Mit der Entsendung eines Legaten erfüllte der Papst zwar eine Bitte des Kaisers; aber dieser hatte gewünscht, dass ihm ein solcher in der Person des Patriarchen von Antiochia geschickt werde[2]), während Gregor vielmehr seinen Zwecken diente, indem er den Cardinalbischof von Praeneste abordnete. Dieser war nämlich von Geburt ein Lombarde, und als Angehöriger einer kaiserfeindlichen Familie ein erbitterter Feind des Kaisers, wie sich dies bald in seiner Wirksamkeit zeigte. Seine geheime Instruktion[3]) lautete dahin, die uneinigen Lombarden zu ver-

[1]) Solche Gerüchte müssen in dieser Zeit namentlich auch bei den einflussreichen Männern am Hofe des Kaisers Glauben gefunden haben. Eine merkwürdige Andeutung darüber finden wir in einem Schreiben Gregors an den Deutschordensmeister vom 10. Juni 1236, worin er sich wundert, dass ihm verschiedene Male von diesem der Vorwurf gemacht sei, er wolle gegen den Kaiser feindlich vorgehen.

[2]) Vgl. R. 691 p. 588 und H. B. VI. 390 dazu R. J. V, 2159. Das diesbezügliche Schreiben Friedrichs ist nicht mehr erhalten.

[3]) Wir dürfen eine solche vielleicht in den Worten finden: Hinc est quod cum Lombardiae, marchiae Tervisinae et Romaniolae provinciae fuerint dudum in dimidii constitutae discrimine, quare plura quam deceat explicari litteris accidisse pericula dinoscuntur, ... providimus ut . . . venerabilem fratrem Jacobum . . . mitteremus sperantes ut . . . . quae sunt salutis et

einigen, ein Heer zusammenzubringen und dem Kaiser auf alle Weise Abbruch zu thun, indem er Anhänger desselben auf die Seite des Bundes hinüberzog, denn nur von einer energischen und vereinten Gegenwehr aller Lombardenstädte liess sich einiger Erfolg hoffen. Wie gut der Cardinal seine Aufgabe ausführte, zeigt der von ihm bewirkte Abfall von Placentia, seiner Vaterstadt, zur Partei des Bundes. In diese ihm bisher treu ergebene Stadt hatte Friedrich einen Tag auf den 25. August ausgeschrieben[1]), um mit den Lombarden zu verhandeln und seine italischen Truppenkontingente um sich zu versammeln; durch ihren Abfall war diese Absicht vereitelt und dadurch eine bedeutende Verzögerung des ganzen Unternehmens herbeigeführt worden. Der Kaiser machte seiner Erbitterung über das Vorgehen des Cardinals in einer geharnischten Beschwerdeschrift an den Papst Luft, indem er dasselbe detestabilis und enormis nannte und Gregor beschuldigte, wenn nicht der Anstifter, so doch Mitwisser der That zu sein[2]). Letzterer wies diesen Vorwurf entrüstet zurück: Nach dem Beispiel Christi habe er den Frieden und die Eintracht auf Erden herzustellen, und nur zu diesem Zweck habe er einen Legaten in die Lombardei geschickt; denn aus Fürsorge für die Kirchen und das Seelenheil der Gläubigen müsse er einen Krieg zu vermeiden suchen. Dazu habe er denjenigen ausgewählt, qui eo minori posset haberi ratione suspectus, quo eius mens terrenis desideriis absoluta suis actibus fermenti minus ingereret odii vel amoris, qui se ipsum et sua relinquens in divini amoris altitudinem evolasset. Ein solcher Mann könne keinem Verdacht unterliegen, auch sein Geburtsort (Placentia) könne ihn nicht verdächtig machen, „cum non bonitas hominis deformetur a loco, sed loci malitia per hominem reformetur“ — eine scharfe, ironische Anspielung auf den Abfall von Placentia —. Erröten möge daher der neue Logiker über seine Trugschlüsse:

---

gratiae facilius et felicius operentur. (Brief Gregors vom 10. Juni 1236, worin er den Cardinal an die Lombarden empfiehlt; R 693 p. 590). Weitere Anhaltspunkte giebt die Weigerung des Papstes, seinen Legaten für sein Wirken zu desavouieren.

[1]) Vgl. H. B. IV, 847.

[2]) Das Schreiben ist nicht erhalten, der Inhalt ist bekannt aus der ausführlichen Verteidigung des Papstes vom 23. October 1236. R. 703 p. 600.

daraus dass der Legat zu Placentia und anderswo die Bürgerkriege beendete, könne ihm niemand einen Vorwurf machen, also fiele auch ihm selbst kein Teil an der Schuld zu.

Es war nicht zu verkennen, dass die lombardische Angelegenheit der kriegerischen Entscheidung entgegentrieb, nachdem erst die Lombarden selbst, dann der Kaiser so wenig Interesse für einen friedlichen Ausgleich gezeigt hatten. Die letzte schwache Hoffnung des Papstes, dass Friedrich durch die Rebellion des Herzogs von Oestreich in Deutschland festgehalten werden würde, erfüllte sich auch nicht, und so sah er sich gezwungen, um aus seiner bedrängten Lage zwischen beiden Parteien herauszukommen, einen weiteren Schritt gegen den Kaiser zu thun. Es geschah dies am 17. August 1236, indem er dem Cardinal Jacob den Befehl gab, entweder selbst zum Kaiser zu gehen oder einen geeigneten Stellvertreter zu entsenden, der dessen Beschuldigungen gegen die Kirche widerlegen, gleichzeitig aber über eine Reihe von Beschwerdepunkten klagen sollte[1]: gewissermassen eine Antwort auf Friedrichs Klagen betreffs des Abfalls von Placentia und seine wiederholte Forderung, gegen die Lombarden mit Kirchenstrafen vorzugehen. Gregor versuchte hier wieder dem Kaiser vorzuhalten, dass sein Unrecht gegen die Kirche viel grösser sei, als das anderer gegen ihn, und dadurch dieses vergessen zu machen. Aber es gelang ihm nicht, Friedrich von der lombardischen Frage abzulenken; dieser beklagte sich vielmehr in einem Erwiderungsschreiben über diese Art der Antwort auf seine gerechten Forderungen und verteidigte sich Punkt für Punkt gegen die Beschwerden des Papstes, ironisch, aber doch durchaus wirksam, häufig sogar verletzend[2]. Ihm ist es aber dabei nur zu thun um eine end-

[1]) R. 695 — 700, p. 592 — 598. Ueber die einzelnen Beschwerden des Papstes und die Verteidigung des Kaisers dagegen vgl. die Beilage. Eine Frage ist, ob diesem Briefe die Verteidigung des Papstes auf einzelne Beschwerden des Kaisers (R. 702 p. 599) beigegeben war. Ich möchte diese Frage bejahen, da chronologisch durchaus nichts im Wege steht, denn auch die Klage über den Cardinal Jacob musste damals schon in der Hand des Papstes sein, wie der Brief an den Erzbischof von Mailand (R. 699 p. 596) zeigt.

[2]) Besonders köstlich ist eine Stelle am Anfange des Briefes (H. B. IV, 906.): sed eo quod per nuntios etc. bis praesentibus respondetur, wo er den Papst fragt, ob er vielleicht seine Bitten verschlafen habe u. s. w.

giltige Beseitigung der Vorwürfe und die Vermeidung eines Zwistes mit dem Papst; es lag ihm durchaus daran, mit diesem Frieden zu halten, und wenn auch das Verhalten desselben ihm wunderbar erschien, so hielt er doch seine Position für militärisch und diplomatisch zu stark, als dass er an ein feindliches Auftreten Gregors hätte glauben können. Um so mehr musste er sich wundern, dass plötzlich von päpstlicher Seite eine Kundgebung erfolgte, die ganz offen die Ansichten des Papsttums klarlegte und zwar in einer Weise, welche die letzten Hoffnungen Friedrichs auf ein gutes Einvernehmen mit demselben endgiltig zerstören musste. Der Grund für dieses plötzliche Aufgeben der bisher beobachteten, reservierten Haltung ist in verschiedenen Ereignissen zu suchen, deren Zusammentreffen Gregor zu einem übereilten Schritt hinriss. Nicht wenig mag die Sprache Friedrichs in seinem Brief vom 20. September dazu beigetragen haben, ebenso die Kunde von dem endgiltigen Scheitern der Verhandlungen mit den Lombarden[1]); die Hauptursache aber waren die von Anhängern des Kaisers in Rom gestifteten Unruhen, die eine Vertreibung des Papstes bezweckten. Dies war der Punkt, wo letzterer am gefährlichsten getroffen werden konnte, denn gelang es, ihn aus Rom zu verjagen, so war er ganz auf den guten Willen des Kaisers angewiesen, und selbst wenn er eine Zuflucht bei den Lombarden fand, so war er doch nicht in der Lage, denselben irgend welche Hilfe leisten zu können; eine Wiederkehr der Verhältnisse, wie sie in den letzten Jahren Friedrichs I lagen, wäre unvermeidlich gewesen. Dies allein erklärt die Aufregung, die sich in Gregors Brief geltend macht. Nachdem er zuerst sich und seinen Legaten gegen den Vorwurf verteidigt hat, dass sie zu Placentia etwas Unrechtes bewirkt hätten[2]), wiederholt er seine Weigerung die Lombarden zu bannen, denn dieselben hätten sich in die Hand der Kirche gegeben. Darauf zum Angriff übergehend antwortet er auf die Verteidigung des Kaisers, dass er allen Versprechungen desselben betreffs Siciliens nicht glaube, und erneuert seine Anschuldigungen[3]). Zum Schlusse verweist

[1]) Vgl. unten S. 34 und 35.
[2]) Vgl. oben S. 27 und 28.
[3]) Vgl. die Beilage.

er Friedrich auf das Verhalten seiner Vorfahren zur Kirche und fügt eine auf die donatio Constantini basierte Anschauung vom Verhältnis des Papsttums zum Kaisertum hinzu, nach der natürlich das erstere bei weitem höher steht, indem er geltend macht, dass durch den Papst Karl der Grosse die Kaiserkrone und dabei nur imperii tribunal et gladii potestatem empfangen habe, ohne dass dadurch eine Verminderung der päpstlichen Gerichtsbarkeit erfolgt sei. Der Ton dieses Briefes lässt uns nicht darüber im Zweifel, dass der Papst bereits auf Grund der sicilischen Verhältnisse dahin gelangt zu sein glaubte, dass er offen gegen Friedrich sich erklären könnte. Dass dies nicht sogleich geschah, liegt in der Entwickelung, die mittlerweile die politischen Verhältnisse in Oberitalien und in Deutschland genommen hatten.

Durch den Abfall von Placentia war die Lage der Dinge für Friedrich, als er Mitte August nach Italien kam, keineswegs günstig. Noch schwankten viele Städte, zu wem sie sich wenden sollten, und gerade dadurch wurde ihm viel Zeit geraubt. Sogleich nach seiner Ankunft hatte er den Bischof von Reggio und den Deutschordensmeister Hermann nach Mantua gesendet, um Verhandlungen mit dem Bunde anzuknüpfen, aber diese mussten scheitern an der Höhe der Forderungen, die Friedrich stellte[1]: Verzicht auf den Constanzer Frieden, Entlassung des Heeres und Ergebung auf Gnade und Ungnade; noch waren die Lombarden nicht so weit, dass sie solche Forderungen hätten erfüllen müssen, und Friedrich nicht stark genug, sie dahin zu bringen. Aber nach seiner Vereinigung mit den Contingenten der reichstreuen Städte und der Einnahmen von Marcharia und Mosio fühlten sich die Lombarden doch bewogen, nochmals Verhandlungen anzuknüpfen: jedoch auch diese scheiterten wieder an ihrer Bedingung, dass am Constanzer Frieden festgehalten würde. Diesen wollte Friedrich nicht mehr anerkennen, da, wie er an den Papst schrieb, sich herausgestellt hätte, derselbe sei dispendiosa imperio et prorsus contraria ecclesiasticae libertati. Nach einer Aeusserung

---

[1]) Ueber diese und die folgenden Verhandlungen vergl. den Brief bei Hahn, Coll. Mon. I, 218, auf den zuerst Ficker R. J. V, 2198 aufmerksam gemacht hat.

im Anfange dieses Briefes: existentes verumtamen memores verbi nostri per reges et principes imperiali programmate divulgati und mehr noch aus den Worten im Briefe vom August 1244[1]): cum sit promissum et firmatum per principes imperii, quod praedictam pacem tamquam factum in evidens praeiudicium iuris et imperii non debeamus observare können wir schliessen, dass auch im Jahre 1235 wieder die Fürsten den Kaiser ermächtigten, den Constanzer Frieden zu widerrufen, überhaupt, dass Friedrich, wie 1226, in seinem ganzen Vorgehen gegen die Lombarden ihre Autorität benutzte und sie für sein Vorgehen mit verantwortlich machte[2]).

Das Scheitern dieser Verhandlungen und die erneute Forderung Friedrichs an den Papst, die Lombarden zu exkommunicieren, fiel in dieselbe Zeit wie der Versuch, in Rom einen Aufstand zu erregen, an welchem der Kaiser beteiligt erschien[3]); das Ergebnis war das Schreiben des Papstes vom 23. October, in dem er sich offen gegen Friedrich aussprach. Damit hatte die Spannung ihren Höhepunkt erreicht. Gregor stand schon nicht mehr zwischen den Parteien, sondern dem Kaiser feindlich gegenüber; er hatte Gründe gefunden, die ihm ein solches Auftreten ermöglichten, und deutlich gezeigt, auf wessen Seite ihn der ausbrechende Krieg finden würde. Wenn es dennoch nicht sogleich zu einem offenen Bruch mit Friedrich kam, so lag dies daran, dass letzterer nach Deutschland zurückkehren musste, um die Rebellion des Herzogs von Oestreich selbst niederzukämpfen, und dass Gregor durch diese Entfernung des Kaisers aus Oberitalien freie Hand daselbst erhielt. Er benutzte die Zeit der Abwesenheit desselben, um aufs neue den Versuch zu machen, den drohenden Conflikt zu beseitigen. Zu diesem Zweck kam er dem Kaiser einen Schritt entgegen, indem er, was dieser oft verlangt hatte, den Cardinal Jacob aus der Lombardei abberief und an seiner Stelle zwei andere Cardinäle, Thomas von S. Sabina und Raynald von Ostia, dorthin abordnete[4]). Sodann forderte er vom Kaiser, er solle ihm den

---

[1]) H. B. VI, 217.

[2]) Einen Beleg dafür bietet der Brief Friedrichs an die deutschen Fürsten H. B. VI, 3.

[3]) Vgl. den Brief R. J. V, 2199.

[4]) 29. November 1236; vgl. B. 704 p. 605. Friedrich marschierte am

Deutschordensmeister Hermann von Salza nach Italien senden, damit dieser mit den Cardinälen über einen Vergleich verhandeln könne[1]). Es erscheint wunderbar, dass Gregor einerseits nach soviel trüben Erfahrungen in seiner Vermittelungspolitik, andrerseits nach dem hohen Standpunkte, den er Friedrich gegenüber bereits eingenommen hatte, nun auf einmal wieder den Weg der Verhandlungen betrat, und wir finden eine Erklärung dafür nur in dem Umstande, dass die militärischen Erfolge des Kaisers, die er zuletzt noch durch die Eroberung von Vicenza errungen hatte, dem Papste die Möglichkeit nahe gelegt hatten, dass Friedrich zuletzt doch Sieger bleiben und ihm selbst dann keine glimpfliche Behandlung zu teil werden würde. Er suchte offenbar jetzt die bösen Folgen des Schrittes, den er im October in einer Zornesaufwallung zu weit gethan hatte, zu vermeiden.

Auf dringende Bitten des Hermann von Salza hatte der Kaiser auch diesmal wieder in neue Verhandlungen gewilligt, aber wie sehr sich auch die beiden Cardinäle mühten[2]), dieselben waren wiederum vergeblich gewesen. Man war bereits auf dem Punkte, die Forderungen des Kaisers zu erfüllen[3]): Leistung des Treueides, Auflösung des Bundes für immer, Stellung von Mannschaften zum Kreuzzuge und Auslieferung aller Regalien und Reichsrechte[4]); aber durch die Einsprache des Podesta von Placentia, Rayner Zeno, war noch im letzten Augenblick eine Einigung verhindert worden. So entbrannte denn nach Friedrichs Rückkehr aufs neue der Kampf, nur einmal im November durch wiederum vergebliche Verhandlungen unterbrochen[5]), bis er plötzlich durch die Niederlage bei Corte-

30. November von Treviso nach Deutschland ab, doch wird sein Entschluss, dorthin zu gehen, schon lange vorher bekannt gewesen sein.

[1]) Der Brief des Papstes ist uns nicht mehr erhalten, der Inhalt ergiebt sich aber aus dem Antwortschreiben des Kaisers vom Februar 1237, Winkelmann, Acta II, 25 ff.

[2]) Des Kaisers Argwohn gegen dieselben in seinem Briefe vom Februar 1237 scheint durchaus unbegründet; so viel wir sehen können, haben sie getreulich das ihrige gethan, um Frieden zu stiften; vgl. auch Winkelmann, Friedrich II, II, 64.

[3]) Vgl. Ann. Plac. Gib. S. S. XVIII, p. 476.

[4]) Also doch Verzicht auf den Frieden von Constanz!

[5]) Vgl. R. J. V, 2229 b.

nuova beendet wurde. Nun wurde natürlich dem Kaiser alles geboten, was er nur jemals verlangt hatte: Auflösung des Bundes, Verzicht auf den Constanzer Frieden, im allgemeinen eine unbedingte Unterwerfung, jedoch suchten die Lombarden ihn zu veranlassen, sich über einige Punkte vorher zu verpflichten. Aber gerade daran scheiterten die Verhandlungen; der Kaiser bestand auf der unbedingten Unterwerfung, formell wie sachlich, die Lombarden wollten sich nicht ganz in seine Hände geben. Was Friedrich hier mit seinem Trotz verschuldete, lehrt die Folgezeit; dass er sich einen Augenblick zu sehr seinem Glücksrausch überliess, hat er mit einem Leben voller Sorge und Kampf, sein Geschlecht mit dem Untergang, Deutschland mit Jahrhunderten der schlimmsten Wirren zu büssen gehabt.

Der Papst war in dieser Zeit merkwürdig still geblieben. Seit dem Scheitern der Verhandlungen von Fiorenzuola war er wieder in seine abwartende Politik verfallen, offenbar veranlasst durch die Furcht, Friedrich würde in diesem Jahre Herr der Lombardei werden. So hatte er auch keinen Anteil an den Friedensverhandlungen nach der Schlacht von Cortenuova; scheinbar interessierte ihn weder die lombardische Frage, noch hatte er sonst irgend welche Beschwerden vorzubringen. Er wartete auf eine günstige Gelegenheit zu seinem Hervortreten, und eine solche liess nicht lange auf sich warten. Friedrich hatte im Jahre 1238 nicht mehr die geschlossene Macht des Lombardenbundes, sondern nur noch einzelne der mächtigeren Städte zu bekämpfen, deren er nur durch die Eroberung Herr werden konnte, bei dem damaligen Stande der Kriegswissenschaft der schwierigere Theil seiner Aufgabe. Am 3. August war er vor Brescia gerückt in der Hoffnung, mit dieser und den anderen Städten noch in diesem Sommer fertig zu werden, aber wider Erwarten zog sich die Belagerung in die Länge. Da sandte er eine Botschaft an den Papst, um seine Hilfe und Vermittlung zu erbitten[1]), wofür er 1000 Ritter in das heilige Land zu entsenden versprach. Gregor aber, der noch im Juni vergeblich neue Verhandlungen durch den Bischof Ardingus von Florenz anzuknüpfen versucht hatte, benutzte dies, da er jetzt den geeigneten Augenblick gekommen sah, um aus seiner bedrängten

[1]) Vgl. H. B. VI, 257.

Lage herauszukommen. Indem er den Gesandten des Kaisers versprach, die Bitte zu erfüllen, schickte er seinen Notar Gregor von Montelongo, einen „homo magni cordis et doctus ad bellum“, in die Lombardei, um dort den Widerstand zu centralisieren und ihm in der Kirche einen geeigneten Mittelpunkt zu geben [1]). Friedrich beklagt sich darüber in seinem Rundschreiben vom 20. April 1239 [2]); danach hätten die Gesandten mit Gregor verhandelt über eine unio contra haereticam pravitatem, pro ecclesiae libertate et de reformandis imperii iuribus. Der Papst hätte zum Schein alle seine Vorschläge genehmigt, nach der Abreise der Gesandten aber ohne deren Wissen den Gregor von Montelongo mit den umfassendsten Vollmachten nach der Lombardei gesendet, um ihm entgegenzuwirken. Der Papst versuchte sich dagegen zu verteidigen [3]), indem er die Sache so darstellte, als wenn er von der Treulosigkeit des Kaisers durch die Besetzung von Sardinien und Massa überzeugt gewesen wäre, und deshalb den Gregor gesendet hätte. Doch kann man ihm hier eine kleine Ungenauigkeit nachweisen, denn Gregor wurde bereits am 6. August abgesendet [4]), während die Besetzung von Sardinien und Massa erst nach Aufhebung der Belagerung von Brescia, frühestens im October stattfand, und der Papst in der series gravaminum von Ende August 1238 noch nichts davon weiss.

Nachdem Friedrich einmal diesen Schritt gethan hatte, war es dem Papste sofort klar geworden, dass es für den Augenblick mit seiner Kraft vorbei war, und dass, wenn jetzt ein thatkräftiger Widerstand von Seiten der Lombarden sich Friedrich entgegenstellte, er hoffen dürfte, diesen für immer von der Unterwerfung der Lombardei abzubringen. Den Mittelpunkt für einen solchen Widerstand abzugeben war allein die Kirche imstande, und Gregor begann jetzt, indem er seine frühere Politik gegen den Kaiser wiederaufnahm, bereits die Früchte derselben zu ernten. Durch die Massregeln, die er 1236 ergriffen hatte,

[1]) Pro sedandis discordiis ac reformationibus pacis et concordiis faciendis prout utile ecclesiae foret. Cacciaconti, Summ. Monum. Vercell. p. 190 b. Winkelmann, Forschungen XII. 274.

[2]) H. B. V, p. 901.

[3]) In seiner Encyklika vom 1. Juli 1239. R. 750 p. 652.

[4]) Vgl. Cacc. Summ. Mon. Verc. Forschungen XII, 274 Anm. 2.

war es ihm gelungen, einen Gegensatz zwischen sich und dem Kaiser herzustellen, den dieser im Uebermute des Siegers noch bedeutend erweitert hatte; jetzt war die Zeit gekommen, wo es galt daraus Nutzen zu ziehen. Er hätte jetzt wieder in seiner Eigenschaft als Friedensvermittler auftreten können, denn Friedrich hatte ihn ja gebeten, dies Amt wieder zu übernehmen. Aber er that dies jetzt nicht, sondern war vielmehr bemüht, den Gegensatz zwischen sich und dem Kaiser noch zu vermehren. Die geeignete Gelegenheit hierzu bot das gänzliche Misslingen der Belagerung von Brescia. Durch dasselbe war mit einem Schlage der Nimbus der Unbesieglichkeit des Kaisers verschwunden, zu dessen Verbreitung der Sieg von Cortenuova so viel beigetragen hatte, und war die Niederlage auch mehr moralischer als materieller Natur, so hatte sie doch darum keine geringere Wirkung; alle Feinde erhoben sich aufs neue und schlossen sich zusammen, überall regte sich die Gegenwehr. Auch der Papst liess den günstigen Augenblick nicht ungenützt verstreichen. Er sandte im Oktober an die Bischöfe von Würzburg, Worms, Vercelli und Parma eine Liste von Beschwerden über die kirchlichen Zustände im Königreich, über welche sie den Kaiser verhören sollten. Dieselben gingen mit schwerem Herzen und nur ex oboedientiae debito, wie sie selbst sagten[1], an ihren Auftrag, fanden aber den Kaiser wider Erwarten sanftmütig und bereit, ihnen Rede zu stehen, denn ihm lag gerade jetzt daran, jede Verwickelung mit dem Papste zu vermeiden. Friedrich verteidigte sich deshalb mit grosser Ausführlichkeit gegen die Vorwürfe[2], indem er zu seiner Entschuldigung aufführte, dass er so lange vom Königreich abwesend sei und um die gerügten Uebelstände nicht wisse, dass er gerne alles bessern wolle und um die Einigkeit zwischen Kirche und Staat zu erhalten zu jedem Entgegenkommen erbötig sei, das sich mit der Ehre des Reiches vertrüge. Am Schlusse jedoch konnte er seine Verwunderung nicht verhehlen, dass der Papst, anstatt seinen Versprechungen gemäss zu handeln, ein solches Verhör über ihn verhänge.

[1]) In dem Antwortschreiben an den Papst vom 28. October 1238, H. B. V, 249 ff.

[2]) Vgl. die Beilage.

Wenn Friedrich sich irgend welchen Erfolg davon versprochen hatte, dass er sich so geduldig einer derartigen Procedur unterwarf und dem Papst Versprechungen leistete, so musste er sich bald überzeugen, dass diese Hoffnungen nicht in Erfüllung gehen würden. Im November und December 1238 fanden fortgesetzt Verhandlungen zwischen ihm und Gregor statt [1], die aber zu keinem Ergebnis führten. Desto bessere Erfolge hatten aber die Bemühungen der päpstlichen Legaten gehabt. Noch während der Verhandlungen zwischen Friedrich und Gregor schlossen am 30. November 1238 in praesentia domini papae [2] Venedig und Genua ein Bündnis, kraft dessen sich beide Hilfe zusicherten und sich verpflichteten, ohne Genehmigung des Papstes keinen Frieden zu schliessen [3]. Der Grund, dass sich der Papst an diesem Bündnis beteiligte, während er Friedrich noch hoffen liess, war seine Ueberzeugung, dass es zu einer befriedigenden Einigung zwischen ihm und dem Kaiser doch nicht kommen könne; ihre Interessen gingen in der lombardischen Angelegenheit zu weit auseinander. Friedrich hatte trotz seines Misserfolges doch so viel errungen, dass ein Friede mit den Lombarden ihm noch eine ganz bedeutende Macht in Oberitalien gesichert haben würde. Aus diesem Grunde blieben auch die Verhandlungen mit Gregor erfolglos. Entweder der Kaiser oder der Papst war einflussreich in Oberitalien und hatte somit nach Lage der Verhältnisse die überwiegende Macht in Italien in Händen und dass der Papst es für vorteilhaft hielt, wenn er selbst den Haupteinfluss ausübte und den einzig geeigneten Augenblick benutzte, um dies zu bewerkstelligen, ist ihm nicht zu verdenken. Auch Friedrich wusste genau, was ihm bevorstand, nachdem die letzten Verhandlungen gescheitert waren. Im Februar 1239 erneuerte er die Gesetze gegen die Ketzer vom 14. Mai 1238, um dem Papste so die Möglichkeit zu nehmen, gegen ihn als Häretiker vorzugehen. Indessen liess

---

[1]) Rich. Sang. S. S. XIX. p. 376.

[2]) Bartholomaei scribae annales S. S. XVIII, p. 199.

[3]) Das Bündnis wurde später, am 20. Juli 1239, dahin erweitert, dass beide Seestädte zur Eroberung des Königreiches Sicilien eine Flotte ausrüsten wollten; vgl. Winkelmann in Forschungen XII, 284. Der Papst versprach dagegen, dass er demjenigen, der das Königreich von ihm erhalte, zur Pflicht machen werde, die getroffenen Verabredungen einzuhalten. H. 835 p. 737.

sich dieser nicht dadurch bewegen: bereits am 10. März sah Friedrich sein Schicksal klar vor Augen und wusste, dass es nur noch eine Frage der Zeit sei, wann sich Gregors offener Uebertritt zur Partei der Lombarden vollziehen werde. Um wenigstens dieses Aeusserste noch hinauszuschieben, wendete er sich an die Cardinäle mit der Bitte, dem Papst nicht zuzustimmen, wenn er gegen ihn den Bann schleudern wollte; aber ehe noch die Boten in Rom anlangten[1]), war das Gefürchtete schon geschehen: am 20. März 1239 hatte Gregor den Kaiser in den Bann gethan, damit sich offen auf die Seite der Lombarden gestellt und an den Tag gebracht, was die Politik der beiden Parteien schon lange bewirkt hatte: den unheilbaren Gegensatz, sobald es sich um eine Verletzung des status quo und eine Machtvergrösserung des einen handelte.

III.

So war denn geschehen, was Friedrich vor drei Jahren in Anbetracht seiner militärisch wie politisch so festen Stellung für unmöglich gehalten hatte: der Papst war offen auf die Seite der Rebellen getreten. Vom strengen Rechtsstandpunkte aus hatte er sich damit dem Kaiser gegenüber offenbar in Nachteil gesetzt, denn einmal machte er durch Unterstützung einer formell im Unrecht befindlichen Partei die Gerechtigkeit seiner eigenen Sache sehr zweifelhaft und zweitens konnte er dem Vorwurf nicht entgehen, dass er der Angreifer sei. Um indessen ein unparteiisches Urteil zu fällen, müssen wir anerkennen, dass Gregor auch berechtigte Interessen vertrat. Wie aus der bisherigen Darstellung ersichtlich ist, war seine Politik bedingt durch die Rücksicht auf die Integrität des Kirchenstaates und somit in ihrer wesentlichen Richtung vorgezeichnet durch Innocenz III. Dieser hatte, wie oben erwähnt, bei der Neugründung der weltlichen Macht des Papsttums mit zwei Mächten

[1]) Nach des Kaisers Darstellung in seinem Briefe vom 20. April 1239 wurden diese Boten durch päpstliche Trabanten auf der Reise auf Befehl des Papstes aufgehalten.

in Italien zu rechnen, mit dem Königreich Sicilien und den Städterepubliken der Lombardei; blieben diese unverändert bestehen, so war der neue Kirchenstaat mit seinen Erweiterungen gesichert. Die Wahl Friedrichs II zum deutschen König und die Abmachungen desselben mit Honorius III bei der Kaiserkrönung betreffs der Personalunion für Deutschland und Sicilien hatten das Machtverhältnis auf der Halbinsel sehr verschoben: Friedrich als König von Sicilien und deutscher König zugleich war weitaus die mächtigste Persönlichkeit in Italien. Gregor IX, dem Erben der Politik Innocenz' III, fiel die Aufgabe zu, wenn nicht das Geschehene wieder gut zu machen, so doch zu retten, was noch zu retten war, und ein weiteres Vordringen des Kaisers, namentlich in der Lombardei, zu verhindern. Dies musste ihn aber notwendig mit letzterem in Conflikt bringen. Friedrich II hatte gerade die Unterwerfung der Lombarden als das Ziel betrachtet, dessen Erreichen seine Stellung in Italien und in Deutschland erst recht festigen sollte, und er musste das nach der Lage der Dinge und nach den Ueberlieferungen seines Geschlechtes. Daher begegneten sich hier die Interessen von Kirche und Reich, und zwar die **weltlichen** Interessen, in dem Augenblicke, wo Friedrich daran ging, seine Absichten auf Norditalien zur Durchführung zu bringen. Diesen durch die Politik Innocenz' III bedingten, naturgemässen Verlauf der Dinge konnte Gregor nicht mehr abändern, ohne die selbstständige Stellung des Papsttums preiszugeben; es galt also zunächst für ihn den Streit möglichst lange hinauszuschieben. Wie schwer ihm dies gemacht wurde, haben wir oben gesehen; und als schliesslich der Ausbruch der Feindseligkeiten unmittelbar bevorstand, da hatten die Lombarden seine diplomatische Lage zu einer so schwierigen gemacht, dass es erst anderer Mittel bedurfte, um die Stellung zum Kaiser zu erlangen, die das Interesse des Kirchenstaates erforderte. Hätte Friedrich niemals eine gewaltsame Lösung der lombardischen Frage im Sinne gehabt, so würden wir keine oder nur gelegentliche Beschwerden über das Verhalten Friedrichs zur sicilischen Kirche haben, wie das bis 1235 wirklich der Fall ist und wie aus der Vergleichung und Verfolgung der Beschwerdeschriften des Papstes deutlich zu ersehen ist.[1]) Nicht die Vergebung dieser

[1]) Vgl. die Beilage.

oder jener geistlichen Pfründe, nicht die Uebergriffe kaiserlicher Beamter konnten Gregor dazu bewegen, dass er Friedrich in den Bann that und dass er nachher alle Friedensversuche abwies, und so werden wir auch sehen, dass dieselben an einem andern Punkte scheiterten.

Bald nach der Exkommunikation begannen beide Parteien sich zunächst schriftlich zu bekämpfen. Am 20. April 1239 sandte Friedrich ein grosses Rundschreiben ab, in welchem er das Verhalten der Kirche und besonders Gregors gegen ihn einer nicht immer gerechten Kritik unterzog, wie denn auch Gregor in seinen Antworten sich durchaus nicht streng an die Wahrheit hielt. Wir haben deshalb umsoweniger nötig, diesen Briefwechsel im einzelnen zu verfolgen, als uns Thatsächliches nicht weiter geboten wird: jeder von beiden ist bemüht, das Verhalten des Gegners als möglichst schlecht darzustellen, und führt zu diesem Zwecke Details an, die in der mitgeteilten Form höchst zweifelhaft sind, über die man aber genaueres nicht erweisen kann.

Neben den Waffen des Geistes aber führte man auch andere. Anfang September erfolgte seitens des Kaisers die Zurücknahme der Mark Ankona und des Herzogtums Spoleto an das Reich und damit der erste Angriff auf den Kirchenstaat. Im Briefe vom 16. März 1240 führt Friedrich als den Grund, der ihn dazu bewog, die „graves et infestae ingratitudo et offensa" durch den Beschenkten an. Unter der letzteren versteht er ausser dem allgemeinen Vorgehen des Papstes wohl noch speciell die vorher angeführten Massregeln desselben, dass er die Bewohner der Küste der Mark zwingen wollte, gegen das Verbot des Kaisers den Venetianern Getreide zu verkaufen und dass er den Bewohnern beider Gebiete verbot, dem Kaiser Unterstützung in die Lombardei zu schicken. Der Zurücknahme folgte noch im September die Besetzung, zunächst der Mark, durch Enzio, des Kaisers Sohn.[1]) Der Kaiser selbst führte unterdessen einen wenig erfolgreichen Krieg gegen die von Tag zu Tag sich mehrende Schaar der Abtrünnigen. Gregor hatte richtig gerechnet: sein Uebertritt hatte der Gegenwehr der Lombarden Zusammenhang gegeben, sein Bann die schlechte Sache der Rebellen, die sich der gerechten Strafe erwehrten, in die gute

[1]) Vgl. Rich. Sang. S. S. XVIII, p. 378.

der Bundesgenossen des Stellvertreters Christi verwandelt, die den heiligen Stuhl im Kampfe gegen den Antichrist, die bestia in Menschengestalt unterstützten. Dieser Umstand lockte viele alte Feinde der Staufer, die bisher noch geschwankt hatten, auf die Seite des Papstes und der Lombarden, und wo sich zwei Parteien bekämpften und die eine sich für den Kaiser entschied, da trat die andere auf die Seite des Papstes. In einem solchen Einzelkampfe konnte Friedrich wenig ausrichten, denn er hätte zu viel Zeit auf die Bekämpfung einzelner verwenden müssen und bei dem damaligen Stande der Kriegswissenschaft auf eine erfolgreiche Belagerung der festen Städte doch nicht hoffen dürfen. So verging der Sommer 1239 ohne ein entscheidendes Ereignis; mit Mühe wurde von kaiserlicher Seite die Mark Treviso behauptet.[1]) Desto grösser waren Friedrichs Erfolge, als er sich zu Beginn des Jahres 1240 gegen den Papst wendete. Bei seinem Einmarsch in das Herzogtum Spoleto fiel ihm alles zu, schon am 16. Februar stand er zu Viterbo, bereit auf Rom loszugehen, wo eine Stimmung zu seinen Gunsten einen Einmarsch in die Stadt zu ermöglichen schien; da erfolgte am Tage von Petri Stuhlfeier bei Gelegenheit der feierlichen Prozession infolge einer Rede des Papstes ein so allgemeiner Umschwung der öffentlichen Meinung, dass Friedrich von seinem Vorhaben abstehen musste. Indessen hatte der Papst doch seine Hilflosigkeit eingesehen und als der Kaiser nach mehrmonatlichem Aufenthalt in Sicilien abermals an die Grenzen des Kirchenstaates rückte, zeigte er sich zu Friedensverhandlungen bereit, besonders da jetzt die deutschen Fürsten die Vermittlerrolle aufnahmen, und alle Welt darüber erstaunt und erbittert war, dass zu dieser Zeit der drohenden Tatarennot die beiden höchsten Gewalten der Christenheit ihre Kraft gegen einander erprobten. Einen Vergleich zwischen dem Kaiser und dem Papst anzubahnen, war zwar schon früher versucht worden. Im Jahre 1230 unmittelbar nach der Exkommunikation[2]) hatten einige deutsche geistliche Fürsten[3]) den Papst gebeten, einzulenken

[1]) Vgl. Winkelmann, Forschungen XII, 261 ff.

[2]) Vgl. B. J. V, 2433.

[3]) Am Hofe nachweisbar sind in dieser Zeit nur der Erzbischof Eberhard von Salzburg, die Bischöfe Rüdiger von Passau und Conrad von Freising und der Abt von Tegernsee.

und den Kaiser nicht zu weit zu treiben, da sie der Ueberzeugung wären, derselbe sei durchaus im Recht, und sie ihm daher ihre Unterstützung nicht verweigern könnten, so schwer sich dies auch mit ihrer Ergebenheit gegen den apostolischen Stuhl vertrüge. Aber dieser wohlmeinende Rat fruchtete nichts, vielmehr arbeitete Gregor eifriger denn je am Sturze Friedrichs. Ueberallhin sandte er seine Boten, um Aufruhr zu predigen, nach Sicilien[1]) und nach Deutschland, wo er auch die Aufstellung eines Gegenkönigs zu erwirken strebte. Aber mehrfache Versuche dazu misslangen, so eifrig auch besonders Albert von Behaim dafür thätig war, hauptsächlich durch die feste Haltung der deutschen Geistlichkeit[2]) und der deutschen Fürsten, und deshalb hielt es Gregor, als er im Jahre 1240 in die oben erwähnte missliche Lage geraten war, doch für geboten, jetzt einzulenken. Gerade in dieser Zeit war auf Antrieb der deutschen Fürsten, die sich als unparteiische Richter über Kaiser und Papst stellten,[3]) um die Vermittlerrolle zu übernehmen, der Deutschordensmeister Conrad nach Rom gekommen, eine Vereinbarung zustande zu bringen. An dem Friedenswerk beteiligten sich mit ihm hervorragende Männer aus der Umgebung des Papstes, Johann von Colonna und Raynald von Ostia.[4])

[1]) Dieses beabsichtigte Gregor dem Kaiser abzusprechen, vgl. seinen Brief an Jac. Teupolus, Herzog von Venedig, v. 24. September 1239 (H. 895 p. 787), worin er diesem verspricht, er werde dafür sorgen, dass der neue König von Sicilien die geschlossenen Verträge anerkenne.

[2]) Wie diese im allgemeinen über den päpstlichen Bann dachte, erhellt aus einem Briefe des Albert von Behaim (H. B. V, 1031): „Dicunt enim canonici Bavariae omnesque alii praelati, ex quo de suis beneficiis sunt securi, posthac non timebunt tonitrua et fulmina Romanorum, quia non darent pro ipsorum suspensionis et excommunicationis sententiis fabam." Ueberhaupt zeigen die Briefe des päpstlichen Emissärs aus dieser Zeit, wie wenig geneigt die deutschen Fürsten waren, vom Kaiser abzufallen. Vgl. Höfler, Albert v. Behaim p. 10. ff. und Rodenberg in „Historische Aufsätze dem Andenken an Waitz gewidmet", p. 244.

[3]) Wie im Jahre 1230, wo sie sich ebenfalls als Vermittler aufwarfen. Ausschlaggebend wird in dieser Beziehung besonders die missliche Lage der deutschen Geistlichkeit gewesen sein, die bei einem Conflikt zwischen den beiden Gewalten, die sie gleichmässig als die höchsten zu betrachten gewohnt war, jeden Anhalt verlor.

[4]) Matth. Paris IV, p. 59 (Luard). Nach ihm hätte der Papst, ermutigt durch die Geldsendungen, die ihm seine Legaten machten, den schon ge-

Die Verhandlungen drehten sich um folgendes: Zu Ostern des nächsten Jahres sollte ein Concil zusammentreten, auf dem über die Beschwerden des Papstes gegen den Kaiser entschieden werden sollte; zunächst sollte ein Waffenstillstand geschlossen werden, während dessen man über den definitiven Frieden verhandeln könnte. Der Kaiser selbst war der festen Ueberzeugung, dass der Friede nun endgiltig gesichert sei, überallhin liess er die Nachricht davon gelangen [1]; aber dies war verfrüht, denn noch im letzten Augenblick scheiterten die Verhandlungen an der Forderung Gregors, dass die Lombarden in den Waffenstillstand und also auch in den Frieden eingeschlossen würden, was Friedrich auf keinen Fall zugeben wollte. Am 18. Juli musste er bereits melden, dass aus diesem Grunde der sehnlichst erwartete Friede nicht zustande gekommen sei [2].

Während Friedrich noch hoffte, der Papst werde nachträglich sich zur Nachgiebigkeit bequemen, und in dieser Hoffnung es vermied, wiederum in das Patrimonium, das ihm offenstand, einzufallen, handelte Gregor in der Ueberzeugung, dass eine gütliche Einigung doch nicht zu erwarten sei.

Er griff einen von Friedrich bereits kurz nach der Exkommunikation den Cardinälen gemachten Vorschlag auf [3], über den man sich auch bei den Friedensverhandlungen im Juni bereits geeinigt hatte, nämlich ein allgemeines Concil zu berufen, auf dem sich Friedrich gegen die Anklagen des Papstes verteidigen wollte. Am 9. August liess er an alle Bischöfe und weltlichen Fürsten eine Aufforderung ergehen, sich zu Ostern nächsten

-

schlossenen Waffenstillstand brechen wollen, wodurch die Feindschaft zwischen ihm und Johann von Colonna, der diesem Verfahren widersprach, entstanden wäre.

[1]) Vgl. H. B. V, 1004 und 1016, ferner den Brief des Albert von Beham an Gregor von Mitte August 1240 (H. B. V. 1028 ff.), dass der Bischof von Regensburg am 5. August von der Kanzel den Abschluss des Friedens verkündet habe.

[2]) H. B. V. 1014.

[3]) Vgl. den Brief Friedrichs vom 20. April 1239 H. B. V. 304 und R. J. V, 2482. Am 16. März 1240 beklagt sich Friedrich, dass der Papst seine Boten, die Bischöfe, ins Gefängnis geworfen, als sie in dieser Angelegenheit nach Rom kamen. Darauf geht es wohl auch zurück, wenn er (H. B. V. 1039 und 1076) schreibt, der Papst habe eine Synode, die er zu seiner Verteidigung forderte, gehindert.

Jahres entweder in Rom persönlich einzufinden, oder geeignete Boten zu entsenden.[1]) Gegen diese Massregel aber machte Friedrich jetzt ganz energisch Front. Den Cardinälen gegenüber sprach er seine Missbilligung aus, dass der Papst als des Reiches Feind etwas unternehme, was er nur nach geschlossenem Frieden hätte thun dürfen, und in alle Länder, in welche der Aufruf des Papstes ergangen war, sandte er die Warnung, das Concil nicht zu besuchen, da er mit allen Mitteln das Zustandekommen desselben zu hindern gedenke. Man hat sich oft über diesen „Widerspruch Friedrichs gegen sich selbst" gewundert, und doch ist dieser gar nicht so gross, als es den Anschein hat. Denn was hatte Friedrich zu erwarten von einem Concil, das, wenn auch nicht lediglich aus seinen Feinden zusammengesetzt, doch in der Majorität aus solchen bestand, und in dem der Papst auf diejenigen, welche seiner Ansicht widerstrebten, jeden Druck ausüben konnte. Nicht der Papst als eine Partei durfte das Concil berufen, sondern die Cardinäle[2]), vielleicht sollte dasselbe auch nicht in Rom, sondern an einem Orte zusammentreten, welcher gleichzeitig die Garantie gab, dass die Anhänger

[1]) Vgl. B. 781 p. 679—680. Aus dem dort angeführten Verzeichnis der Adressaten geht hervor, dass die Klage des Kaisers, der Papst habe nur seine Feinde berufen (H. B. V. 1040 und 1077), übertrieben ist. So finden wir z. B. sämtliche deutsche Bischöfe angeführt, von denen wir in dieser Zeit wissen, dass sie auf der Seite des Kaisers standen. Ganz unbegründet ist Friedrichs Behauptung allerdings auch nicht, denn der sicilische Clerus kommt gar nicht in der Liste vor, ebenso wenig die reichstreuen lombardischen Städte, während Mailand, Brescia u. a. aufgeführt sind, und wir können aus diesem Fehlen schliessen, dass sie überhaupt Einladungen nicht erhalten haben. Bei der Ausführlichkeit, mit der hier alle im Zusammenhang und nach Ländern geordnet aufgezählt werden, scheint in diesem Verzeichnis eine Liste vorzuliegen, nach der die Einladungen ausgeschrieben wurden, und welche nachher in die Register überging, statt dass die ganze Menge der Originale eingeschrieben wurde.

[2]) Dieses Verlangen Friedrichs ist mit Recht nach den Anschauungen jener Zeit als zu hoch zu bezeichnen. Der Papst hatte damals bereits allein das Recht ein allgemeines Concil zu berufen, jedenfalls konnte dasselbe ohne seine Mitwirkung nicht zustande kommen. Aber es war auch unmöglich, dass der Papst vor demselben als eine Partei erschien und seine Sache führte, denn das Concil hatte durchaus noch keine Competenz demselben gegenüber: erst durch die Concile zu Constanz und Basel wurde das „concilium super papam" festgestellt. Vgl. auch Hinschius, System des kathol. Kirchenrechts III, 354.

Friedrichs, also die deutschen Bischöfe, zahlreich erschienen, und eine Beeinflussung durch den Papst nicht befürchten liess. Auch sollten dort nur die Streitpunkte zwischen Kaiser und Papst zur Verhandlung gelangen, die lombardische Frage aber ganz aus dem Spiele bleiben, da Friedrich, wie er am 13. September 1240 an den König von Frankreich schrieb, es für durchaus unpassend hielt, dass ein geistliches Gericht oder eine Synode über weltliche Angelegenheiten entscheide. Friedrich wusste aber, dass Gregor auf demselben auch die lombardische Frage vorbringen werde, um ein unanfechtbares Urteil zu seinen Gunsten hervorzurufen, und dies konnte er auf keinen Fall dulden, da er keine Förderung der Sache durch das Concil erwarten durfte. Was Friedrich 1239 gewollt hatte, war also etwas ganz anderes gewesen, und er konnte jetzt, ohne sich untreu zu werden, das Concil zu verhindern suchen; missbilligten doch selbst seine Feinde die Berufung desselben [1].

Aber der Papst liess sich durch Friedrichs Protest nicht von seiner Absicht abbringen. Da der Landweg unmöglich oder wenigstens sehr schwierig und gefahrvoll geworden war, trat er mit den Genuesen in Verbindung, um eine Seefahrt für die Prälaten zu ermöglichen: am 13. October erhielt Gregor von Romania Vollmacht, mit denselben abzuschliessen [2]. Am 15. October erging ein zweites Berufungsschreiben, um diejenigen, die sich etwa durch Friedrichs Drohungen hatten entmutigen lassen, doch noch zur Reise zu bewegen [3]. Am 4. Dezember war bereits der Vertrag mit den Genuesen abgeschlossen [4], kraft dessen dieselben 10 Galeeren und 10 Tariden und falls diese nicht ausreichten, noch je weitere sechs ausrüsten sollten; mit dieser Flotte gedachte man sicher allen Nachstellungen Friedrichs zu entgehen, was indessen nicht gelang. Auch kaiserlicherseits wurde eine Flotte gerüstet aus pisanischen und sicilischen Schiffen, und als die Genuesen zwischen den Inseln Monte Christo und Giglio segelten, wurden sie am 3. Mai angegriffen, geschlagen und verloren 25 Schiffe; über 100 vornehme Geistliche wurden gefangen genommen, darunter Friedrichs

[1] Vgl. H. B. V, 1083.
[2] R. 784 p. 684—688.
[3] R. 785 p. 688—692.
[4] R. 791 p. 697 vgl. auch 792 und 793.

schlimmster Feind, Jacob von Palestrina, mit zwei anderen Legaten. Der Kaiser, der soeben Faenza nach achtmonatlicher Belagerung erobert hatte, gab seine Absicht auf Bologna auf und zog nach dem Kirchenstaat in der Hoffnung, nunmehr geneigtes Ohr für seine Friedensverhandlungen zu finden. Auch ihm musste augenblicklich um so mehr daran liegen, als das Reich durch den Einfall der Tataren sich in äusserster Gefahr befand, und eine energische Gegenwehr gegen dieselben, die schon Ungarn erobert hatten, höchst notwendig war [1]. Dieser veränderten Situation und seiner Zwangslage entsprechend stimmte Friedrich seine Forderungen sehr herab. Er musste nach Deutshland gehen, um die Tataren zurückzutreiben, aber er konnte, so lange er mit dem Papste nicht versöhnt war, Italien nicht verlassen, da sich sonst, wie er selbst sagt [2], die Vorgänge vom Jahre 1229, wo der Papst in seiner Abwesenheit Sicilien besetzt hatte, wiederholt hätten, und er ausserdem aller seiner Erfolge in der Lombardei verlustig ging. Bei dem Fehlen jeder direkten Ueberlieferung ist es schwierig, den Gang der Verhandlungen festzustellen. Die Initiative zu denselben scheint vom Kaiser ausgegangen zu sein [3], eine Angabe, der nicht widersprechen würde, dass der Predigerordensbruder Bartolomaeus vom Papste nach Rom berufen wurde, um bei Friedensverhandlungen zu dienen [4]. Dürfen wir den Angaben Friedrichs trauen [5], so hätte er bei denselben erklärt, er wolle sich mit der Durchführung des Constanzer Friedens begnügen, in der Hoffnung, den Papst durch diesen Schritt zum Frieden zu bewegen. Aber der Papst wollte augenscheinlich keinen Frieden mehr, denn er stellte bei diesen Verhandlungen, sowie auch bei den im Juli durch Graf Richard von Cornwall geführten, Forderungen, die auch diesem Vermittler zu hoch erschienen. Danach

[1]) Auf diesen Einfall der Tataren bezieht sich zweifellos die Bemerkung des Peter von Vinea in seinem Briefe vom Juli 1241 (H. B. V, 1158): Concordiae viam .... supervenientium hostium necessitas iam requirit, welche Böhmer in so grosse Entrüstung versetzte, Reg. Frid. II Nr. 1014a.

[2]) Vgl. den Brief Friedrichs an den König von Ungarn vom Juni 1241 (H. B. V, 1144.)

[3]) H. B. V, 1145.

[4]) H. B. V, 1147.

[5]) Im Briefe an den König von Ungarn (H. B. V, 1145): „intendentes contenti esse veteribus et hereditariis imperii iuribus etc.“

sollte sich der Kaiser eidlich verpflichten, dass er in allen Stücken (also auch in der lombardischen Frage) der Entscheidung des Papstes sich unterwerfen wolle [1]. Auch die Aeusserungen, die der Papst selbst über den Frieden in dieser Zeit machte, stimmen auf das beste hiermit überein. Vom Herzoge von Kärnthen aufgefordert, Frieden zu schliessen, antwortete er ganz kühl, dass er das wohl thun würde, wenn Friedrich sich unter die Befehle der Kirche beugen werde [2], und in ähnlicher Weise lässt er sich dem König von Ungarn gegenüber aus [3].

Nach dem Abbruch der Friedensverhandlungen blieb der Kaiser im Kirchenstaat, den er fast vollständig besetzte, und plünderte die Umgegend von Rom, um dadurch auf den Papst einzuwirken. Während dieser Plünderungszüge starb Gregor IX am 22. August 1241 zu Rom, und um zu zeigen, dass er nur mit ihm, nicht mit der Kirche Krieg geführt hätte, gestattete Friedrich sogleich den Cardinälen, sich zur Papstwahl in Rom zu versammeln; ja als der im October 1241 gewählte Cölestin IV nach kurzer Regierung starb, verstand sich Friedrich sogar dazu, im Jahre 1243 die gefangenen Cardinäle freizulassen, damit eine neue Papstwahl frei und ungehindert stattfinden könne [4]. Hätte Friedrich während der langen Sedisvakanz den Umstand, dass der feindlichen Partei das Haupt fehlte, benutzt und sich durch energisches Vorgehen eine günstige Position geschaffen, so wäre er bei den folgenden Friedensverhandlungen imstande gewesen, seinen Bedingungen auch den gehörigen Nachdruck zu verleihen. Aber diese seine Grossmut [5] ist verhäng-

---

[1]) Matth. Paris IV, 148. (Luard).

[2]) R. 823 p. 723.

[3]) R. 826 p. 726.

[4]) Die einzige Bedingung, die Friedrich für die Freilassung der Cardinäle stellte, scheint nach dem Schreiben Innocenz' IV vom 26. August 1243 die Rückberufung des Legaten des apostolischen Stuhles, der gegen ihn in der Lombardei agitierte, gewesen zu sein. Die Kardinäle versprachen, quod eius petitiones, quantum cum Deo possent, cum adesset opportunitas temporis, adimplerent. (H. B. VI, 113.).

[5]) Ich glaube hier keinen falschen Ausdruck gewählt zu haben; Friedrich dachte in der That grösser von seinen Gegnern, als diese verdienten. Die Freilassung der Cardinäle ist eine Grossmut, die durch nichts gerechtfertigt werden kann, am wenigsten durch das frühere Verhalten derselben zum Kaiser. Auch die Unterlassung des Heereszuges gegen die Römer auf Bitten der in

nisvoll für ihn geworden, indem er dadurch die letzte günstige Gelegenheit verstreichen liess, ohne doch den Zweck zu erreichen, den er im Auge hatte: seine Friedensliebe zu zeigen. Mit der Wahl Innocenz' IV am 25. Juli 1243 war der kaiserfeindlichen Partei eine neue Spitze gegeben, und unter diesem thatkräftigen Manne gelang es dem Papsttum, vollends seine Ansprüche gegen das Kaisertum durchzuführen. Bald nach seiner Wahl offenbarte sich der eigentliche Charakter des Kampfes zwischen Kaiser und Papst. Bisher als Cardinal dem Kaiser entschieden freundlich gesinnt, liess er die Hoffnung aufkommen, dass nunmehr alles beseitigt werden würde, was einer Verständigung hinderlich gewesen war. Aber nicht nur geschah dies nicht, sondern Innocenz IV wurde ein ebenso heftiger Feind der Staufer, als Gregor IX gewesen war. Was lag näher, als dass man die Schuld daran der Persönlichkeit Friedrichs II zuschob und daraus einen Beweis nahm, dass derselbe doch ein unversöhnlicher Feind der Kirche und des Papsttums gewesen sei. Wir können jedoch darin nichts weiter erblicken, als die Folgen der von Innocenz III eingeleiteten Politik. Die besten Freunde mussten sich entzweien, wenn sie so verschiedene Interessen zu vertreten hatten, wie es hier der Fall war. Innocenz IV konnte nicht ohne grosse eigene Gefahr die lombardische Frage aus den Händen lassen und sich mit dem Kaiser versöhnen, abgesehen davon, dass ihn seine Verträge mit den Lombarden daran hinderten. Friedrich aber konnte unmöglich alles aufgeben, was er in achtjährigem Kampfe errungen hatte, das verbot ihm schon die Rücksicht auf seine Stellung zu den Fürsten, und dieser Gegensatz musste es von vornherein höchst zweifelhaft machen, ob überhaupt ein Ausgleich noch möglich war. Vorläufig aber war man noch der Hoffnung, dass nunmehr alles glatt ablaufen werde, und eben dieser Hoffnung gab Friedrich dem neuerwählten Papste gegenüber in seinem Glückwunschschreiben Ausdruck, indem er gleich zu Friedensverhandlungen seine Boten übersandte. Nach dem

Anagni zur Papstwahl versammelten Cardinäle (Mai 1242 R. J. V, 3301) könnte man hierher ziehen. Dass der Zug gegen Rom im Mai 1243 nur eine Rache für die Plünderungen der Römer gegen Viterbo war, hat schon Ficker nachgewiesen (R. J. V, 3362a.).

Schreiben des Kaisers vom August 1244 [1]) boten diese im allgemeinen die Unterwerfung Friedrichs unter die Gebote der Kirche an und wollten Frieden in dem Streite zwischen Kirche und Reich schliessen. Der Papst verlangte darauf bestimmte Zusicherungen: Rückgabe des okkupierten Kirchengebietes und Einschluss der Lombarden und der anderen Anhänger der Kirche in den Frieden. Friedrich sagte die Rückgabe des Kirchengutes unter der Bedingung zu, dass ihm dasselbe gegen einen jährlichen Zins wieder überlassen würde, ferner bot er fünfhundert Ritter, die der Kirche zu jederzeit zur Verfügung stehen sollten, ausserdem 30000 Mark Silber zur Zahlung der Schulden der Kirche und Wiedereroberung des heiligen Landes auf eigene Kosten. Aber natürlich wollte Innocenz auf diese Vorschläge nicht eingehen, welche die zweite seiner Bedingungen und gerade die Hauptsache nicht erfüllten. Er sandte seinerseits Boten zum Kaiser, welche eine Einigung auf folgende Bedingungen hin vermitteln sollten [2]): Freilassung aller Cleriker und der Laien, die bei dem Seesiege 1241 gefangen waren, Satisfaktion für alles, weswegen er exkommuniciert war, Entscheidung eines Concils über die Punkte, in welchen sich der Kaiser durch die Kirche geschädigt glaubte, Einschluss aller Anhänger der Kirche in den Frieden, so dass dieselben auch später nie belangt werden könnten. Des Kaisers Bedingungen waren dagegen folgende [3]): Zurückberufung des Legaten aus der Lombardei, Freilassung des Salinguerra, Unterstützung gegen die Ketzer in der Lombardei. Die Gesandten überbrachten ausserdem noch Klagen über Begünstigung des Erzbischofs von Mainz und des Grafen von Provence, die Innocenz jedoch, ebenso wie die Forderungen Friedrichs kurzer Hand abwies. Während die Verhandlungen noch schwebten, erfolgte am 9. September der Abfall von Viterbo, und dieser war wahrscheinlich die Ursache, dass dieselben abgebrochen wurden. Der Kaiser rückte vor Viterbo, um die Stadt wiederzugewinnen, aber nach mehrwöchentlicher Belagerung zog er

---

[1]) H. B. VI, 205 ff.

[2]) Vgl. die uns erhaltene Instruktion der Gesandten bei H. B. VI, 112.

[3]) Wir können dieselben aus dem Schreiben des Papstes an seine Boten vom 26. August 1243 ersehen, ohne dass wir aber daraus erführen, wie Friedrich über die Bedingungen des Papstes dachte.

am 14. November unverrichteter Sache ab, als der Cardinal Otto von St. Nicolaus bei ihm erschien, um namens des Papstes die Aufhebung der Belagerung zu verlangen. Friedrich selbst sagte nacher, dass er sich dazu hauptsächlich wegen der Versprechungen verstanden habe, die ihm für neue Friedensverhandlungen gemacht wurden [1]). Der abgeschlossene Vertrag, welcher der kaiserlichen Besatzung in Viterbo, die Friedrich hatte entsetzen wollen, freien Abzug sowie seinen Anhängern in der Stadt Sicherheit des Eigentums und der Person versprach, wurde aber nicht eingehalten, was Friedrich später zu vielen Klagen Veranlassung gab.

Im Dezember 1243 begannen dann aufs neue die Friedensverhandlungen mit dem Papste hauptsächlich unter Vermittelung des Grafen von Toulouse, welche sich bis in den März 1244 hineinzogen. Endlich nach vielen Vorberatungen einigte man sich dahin [2]), dass Friedrich alle besetzten Länder der Kirche herausgeben (Artikel 1) und der Entscheidung des Papstes de offensis commissis (scil. a Lombardis) post ortam discordiam sich unterwerfen sollte (Art. 7). Innocenz hatte verlangt, dass ihm wie einst Gregor IX die ganze Streitsache mit den Lombarden zur Entscheidung überlassen werde, doch hatten die Boten des Kaisers das entschieden abgelehnt; über die offensa commissa ante ortam discordiam sollte später noch besonders verhandelt werden [3]), da eine Einigung zwischen Kaiser und Papst auch über diesen Punkt unerlässlich war. Die übrigen Artikel des Vertrages [4]) enthielten Bestimmungen über die Sicherstellungen und Entschädigungen der Cleriker und der Anhänger der Kirche, betreffs deren sich Friedrich meist dem Schiedsspruch des Papstes überliess. Am 31. März beschworen die Machtboten des Kaisers, dass derselbe die Friedensbedingungen getreulich erfüllen werde, und alles schien zum guten

---

[1]) Vgl. H. B. VI, 142 und VI, 201.

[2]) Ueber diese und die folgenden Verhandlungen vgl. die erschöpfenden Untersuchungen von Ficker, R. J. V, 3418a, 3422, 3423a, 3424a, 3431a bis 3432c.

[3]) Vgl. R. J. V, 3423a. Ficker ist der erste, der auf die für die Rechtsfrage so wichtige Trennung in der lombardischen Frage aufmerksam gemacht hat.

[4]) Vgl. H. B. VI, 179, auch R. J. V, 3422.

Ende zu führen; mit den besten Hoffnungen ging man an die Specialberatungen über die Ausführung des Friedens. Allein hier musste sich bald herausstellen, dass der beschworene Traktat doch viele Punkte enthalte, über welche eine Einigung noch gar nicht eigentlich erfolgt war [1]), weniger in den Nebensachen, als in den oben hervorgehobenen Hauptpunkten, namentlich zunächst in der Restitution der zurückgenommenen Gebiete der Kirche. Wann und wie diese erfolgen sollte, darüber enthielt der Traktat nichts, ebenso wenig aber etwas über die Loslösung Friedrichs vom Banne u. s. m. Sicher wird man es diesem nicht verdenken, wenn er für den Schritt, den er durch das Beschwören der Bedingungen gethan hatte, auch seinerseits vom Papste Entgegenkommen verlangte. Aber auch dieser wollte Friedrich nicht lösen, ehe er nicht die Länder der Kirche restituiert hätte, und während man hierüber noch verhandelte, gab die lombardische Frage den Ausschlag. Der Papst wollte die ganze Entscheidung auch betreffs der Regalien haben, denn das, was er bis jetzt erreicht hatte, gab ihm noch nicht die Möglichkeit, eine ihm unbequeme und gefährliche Machtentfaltung Friedrichs in Oberitalien, wie sie dieser auch wirklich, wie wir sehen werden, beabsichtigte, zu verhindern. Dabei kam dem Papst sehr zustatten, dass Friedrichs Unterhändler jedes Entgegenkommen auch in der Frage der Länderrestitution verweigerten, denn es wäre ihm nicht möglich gewesen, die Verhandlungen abzubrechen, weil der Kaiser sich mit ihm über die lombardische Frage nicht einigen konnte; so aber konnte er unter der Beschuldigung, dass Friedrich das Beschworene nicht erfüllen wolle, ihm den Frieden verweigern. Aber Friedrich wollte, was er einmal erreicht hatte, nicht wieder aufgeben und lud deshalb den Papst zu einer Zusammenkunft in Narni, damit man die streitigen Punkte erledigen könne. Dieser ging auch zuerst darauf ein, kam aber dann nicht selbst, sondern bevollmächtigte den Cardinalbischof Otto von Porto [2]) zu den Verhandlungen [3]). Des Kaisers erstes Bestreben musste sein, mit diesem Klarheit in die streitigen und dunklen Punkte zu bringen, die der Friedenstraktat vom März bot; er übergab

[1]) „multa dubia et obscura“ klagt Friedrich im August 1244.

[2]) Früher Cardinaldiakon von St. Nicolaus.

[3]) Am 8. Juni an Città di Castello, H. B. VI, 199 extr.

deshalb dem Cardinal seine Vorschläge, wie namentlich in der lombardischen Frage eine Einigung herbeigeführt werden könne [1]). Friedrich erbot sich darin, die Entscheidung des Papstes auch bezüglich der Regalien anzuerkennen unter der Bedingung, dass derselbe sich schriftlich verpflichte, sein Urteil dahin zu fällen, dass die Lombarden, wenn nicht die nach dem Siege von Cortenuova, so doch die vor demselben im November 1237 gemachten Anerbietungen jetzt erfüllen sollten; die damals verweigerten Geiseln sollten nach dem Ermessen des Papstes gestellt werden, die anderen Punkte, betreffs deren man sich nicht hatte einigen können, sollten ebenfalls dem Gutdünken des Papstes überlassen bleiben. Die Entscheidung hätte dieser spätestens drei Monate nach einem den Parteien binnen zwei Monaten anzusetzenden Termin zu fällen. Für den Fall, dass sich der Papst zu einer solchen schriftlichen Verpflichtung nicht verstehen wollte, suchte Friedrich auf folgende Weise einen Vergleich herbeizuführen: Entscheidung der lombardischen Frage durch den Papst und die Cardinäle innerhalb der angegebenen Zeit unter der Bedingung, dass vorher alle Bündnisse zwischen dem Papst und den Lombarden gelöst würden, — denn sonst könnte der Papst nicht Richter sein —, dass der Constanzer Friede ausgeschlossen bleibe, da bereits die Reichsfürsten denselben für den Reichsrechten und der Reichsehre nachteilig erklärt hätten, und dass er zu keiner anderen Sicherstellung verpflichtet werde, als durch seine Söhne und die Reichsfürsten. Falls der Papst auch das verweigerte, so sollten vor der römischen Curie die beiderseitigen Machtboten verhandeln, bis eine Einigung zustande käme. In allen Fällen aber sollte der Kaiser vorher vom Banne gelöst werden, ehe die Verhandlungen mit den Lombarden begönnen, da sich diese Lösung sonst zu lange hinziehen würde. Ausserdem bat Friedrich um genaue Präcision aller der Pflichten, die er in dem Friedenstraktate übernommen hatte, namentlich bezüglich der zu leistenden Genugthuung (Erbauung von Hospitälern, Geldzahlungen u. a. m.) und der Länderrestitution, indem er ein nochmaliges Abbrechen der Verhandlungen aus diesem Grunde

[1]) Dieselben finden sich im Verteidigungsschreiben des Kaisers vom August 1244. H. B. VI, 215.

unmöglich machen wollte. Auch die Rechte, die ihm in den restituierten Ländern blieben, nämlich Heeresfolge, Parlament, Markt und Verpflegung sollten genau festgestellt werden, damit ein Wiederausbruch der Feindseligkeiten in Zukunft vermieden werde. Der Papst aber war nicht zu bewegen, auf diese Vorschläge einzugehen; sein Brief an den Landgrafen von Thüringen vom 30. April 1244 [1]) zeigt deutlich, dass er schon in dieser Zeit von einem Frieden nichts wissen wollte, womit genau sein Verhalten, wie es Friedrich schildert [2]), übereinstimmt. Er wollte bedingungslose Vollmacht in der lombardischen Frage haben, da er, wie oben erwähnt, eine Machtvergrösserung Friedrichs in der Lombardei — und eine solche hätte auch dieser neue Friedenstraktat herbeigeführt — nicht dulden konnte. Friedrich aber durfte in eine bedingungslose Unterwerfung unter den Papst nicht einwilligen; erst musste er sicher sein, dass der Papst ihn absolvieren würde und unter welchen Bedingungen, denn sonst waren die Forderungen des Papstes eine Schraube ohne Ende. Als Friedrich sah, dass er auch so nicht zum Ziele kommen würde, zeigte er sich zu noch grösseren Zugeständnissen bereit. Er wollte zwei bevollmächtigten Cardinälen volle Sicherheit betreffs der zu leistenden Genugthuung geben, damit er absolviert werden könne; in der lombardischen Frage solle sich der Papst eine von den angebotenen Formen auswählen, da er vorläufig, weil nach Beschluss der Fürsten der Constanzer Friede nichtig sei, nicht ohne diese zu befragen etwas anderes bestimmen könne; doch wolle er eine Fürstenversammlung berufen und nach deren Beschluss gegebenen Falls mehr thun. Ferner bot er Restitution des Kirchengutes, wie es bei seinem Ausmarsch aus Deutschland gewesen sei, und sofortige Rückgabe eines Teiles dieses Gebietes, falls der Papst sich dazu verstehe, nach Campanien zu gehen, bis alle Differenzen beglichen seien, vorausgesetzt, dass in demselben vor dem 1. März 1245 ein kaiserfeindlicher Statthalter nicht eingesetzt würde. Der Papst willigte zunächst ein, änderte dann aber seinen Entschluss und zog vor, nach Rieti zu gehen; als die Gesandten des Kaisers aber wieder zu ihm gehen wollten, um

[1]) H. B. VI, 189.
[2]) H. B. VI, 218 und 219.

ihm zu melden, dass dieser auch damit einverstanden sei, erhielten sie unterwegs die Nachricht, dass Innocenz am 28. Juni nach Civita-Vecchia und von da nach Genua gegangen sei und so eine Beendigung des Friedensgeschäfts vereitelt habe [1]).

Noch einmal wurden im März 1245 Verhandlungen geführt und noch einmal kam man auf den Punkt sich zu einigen. Auf seiner Reise zum Papst hatte der Patriarch Albert von Antiochia vom Kaiser den Auftrag erhalten, von neuem mit dem Papste anzuknüpfen. Der Kaiser liess seine Bereitwilligkeit ausdrücken, die früheren Friedensbedingungen unverbrüchlich zu halten, und der Papst forderte darauf den Patriarchen auf, ausführlicher über den Willen des Kaisers zu berichten [2]). Der Kaiser bot wiederum Unterwerfung unter den Willen des Papstes an, aber unter Ausschluss des Constanzer Friedens und forderte Einschluss seiner Anhänger in den Frieden. Das letztere lehnte Innocenz sogleich ab, als nicht in dem früheren Friedenstraktat stehend, erklärte aber zum Frieden bereit zu sein [3]) falls Friedrich alle Gefangenen freiliesse und das Land der Kirche restituiere, so dass die Kunde davon noch vor dem Concile, das am 3. Januar auf den 24. Juni nach Lyon berufen war, bei ihm einträfe, sonst müsste er nach Recht gegen ihn verfahren. Kurz darauf [4]) liess er Friedrich durch den Patriarchen auffordern, schnell wegen der manifesta offensa, für die er exkommuniciert sei, Genugthuung zu leisten, für die dubia genügende Sicherheit zu stellen, damit er absolviert werden könnte. Friedrich hatte sich schon früher dazu bereit

---

[1]) Dass Friedrich den Papst in seiner Sicherheit bedroht hätte, ist eine Erfindung papistisch gesinnter Quellen (Nic. de Curbio b. Muratori III, 1, 592); der Papst selbst sagt in seinen Briefen nichts davon. Nach Nic. de Curbio ist es auch unzweifelhaft, dass der Papst die letzten Verhandlungen nur geführt hat, um den Kaiser zu täuschen, denn er liess schon vor denselben seinen Verwandten Bojolus mit Genua um Schiffe zur Flucht unterhandeln.

[2]) Vgl. den Brief Innocenz' IV an den Patriarchen vom 30. April 1245. H. B. VI, 271.

[3]) Indessen sieht man aus dem Briefe selbst deutlich, wie widerwillig Innocenz auf diese neue Vermittlung eingegangen ist. Er behandelte das ganze Friedensgeschäft als so nebensächlich, dass er es nicht einmal der Mühe für wert hielt, seinerseits Boten dazu abzuordnen.

[4]) Am 6. Mai, vgl. H. B. VI, 272.

erklärt, aber vom Papste verlangt, dass auch er ihm Sicherheit gebe, dass die Absolution nach Erfüllung dieser Bedingungen wirklich erfolge. Aber trotzdem man bereits so weit war, hatten die Verhandlungen doch keinen Erfolg und konnten keinen haben, denn Friedrich hielt an seinen früheren Bedingungen bezüglich der Lombardei fest und wollte die Forderungen des Papstes nicht ohne Gegenleistung erfüllen: dazu kam sein Vorgehen im tuskischen Patrimonium, das leicht zu falschen Deutungen führen konnte [1]). Friedrich selbst aber scheint wie früher so auch jetzt der festen Ueberzeugung gewesen zu sein, dass die Verhandlungen zum Abschluss des Friedens führen würden; um so grösser war daher seine Ueberraschung, als er Anfang des Juli erfuhr, dass das Gegenteil der Fall sei, und dass der Papst ihn absetzen wolle. Schnell eilte er am 8. Juli von Verona aus nach Westen, aber schon zu Turin erfuhr er die am 17. Juli über ihn ausgesprochene Absetzung.

Mit diesem Ereignisse sind wir am Ende der Beziehungen Friedrichs II zu den Päpsten angelangt. Nach der Absetzung war jede Nachgiebigkeit von päpstlicher Seite ausgeschlossen, indessen scheint Friedrich doch noch gehofft zu haben, denn er rief die Vermittelung des Königs von Frankreich an und erbot sich 1246 dazu, zeitlebens in das heilige Land zu gehen, wenn seinem Sohne Conrad das Reich bliebe, aber der Papst wies alles zurück, auch das Anerbieten des Kaisers, sich vor einigen Kirchenfürsten wegen seines Glaubens zu verteidigen; er wollte nur Unterhandlungen, wenn Friedrich mit wenigen Begleitern unbewaffnet vor ihm erschiene. Im Jahre 1247 versuchte der König von Frankreich abermals zu vermitteln, jedoch der Papst wollte weder den Kaiser noch einen seiner Söhne auf dem deutschen Thron haben [2]), und daran mussten alle Verhandlungen scheitern. Die Entzweiung zwischen beiden Gewalten war unversöhnlich geworden, es war nur noch ein Kampf auf Leben und Tod möglich, der auch alsbald entbrannte und mit dem endgiltigen Triumph des Papsttums endete.

Blicken wir nun zurück und vergegenwärtigen wir uns, was wir für die Frage: „Welches ist der eigentliche Grund zur

[1]) Vgl. B. J. V, 3466 a.

[2]) Vgl. Innocenz' Brief an den Herrn von Faucigni, H. B. VI, 531.

unversöhnlichen Entzweiung zwischen Kaiser und Papst?" gewonnen haben. Wir sahen, dass es die Entwickelung des Kirchenstaates und die Sicherheit des Papstes auf das Aeusserste gefährdete, wenn der Kaiser im Besitze von Unteritalien auch noch Herr von Oberitalien würde. Von dem Augenblicke an, wo die Gefahr nahe lag, dass diese politische Combination eintrat, d. h. seit dem Jahre 1235[1]), wo der Kaiser daran ging, mit Hilfe der deutschen Fürsten die Lombarden zum Reiche zurückzubringen, bemerkten wir auch die Thätigkeit des Papstes, die dies mit aller Macht zu verhindern strebte.

Die schwierige diplomatische Lage, in welche er durch diese Bestrebungen geriet, machte es für ihn zur Notwendigkeit, andere Waffen gegen den Kaiser in die Hand zu bekommen, die er denn auch in den kirchlichen Verhältnissen Siciliens fand; die geschickte Benutzung derselben schaffte ihm die Freiheit der Bewegung, die er brauchte, um dem Kaiser feindlich gegenüberzutreten. Die Richtigkeit dieser unserer Auffassung bestätigt nichts so sehr als die Friedensverhandlungen, welche von Friedrich nach dem Jahre 1239 mit Gregor IX und mit Innocenz IV geführt wurden. Können wir auch schon aus der genaueren Betrachtung der einzelnen Beschwerden Gregors IX und aus dessen Hartnäckigkeit, mit der er alle Entschuldigungen und Versprechungen Friedrichs zurückwies, schliessen, dass nicht die Uebelstände in Sicilien allein die Haltung des Papstes beeinflussten, so wird dies erst recht bestätigt, wenn wir den Punkt suchen, an welchem wieder und immer wieder die Friedensversuche scheiterten. Als solchen finden wir nicht die sicilischen Kirchenangelegenheiten, sondern die Frage: „Wie wird ein geeignetes Abkommen über die Machtverteilung in der Lombardei zu treffen sein", auf welche es eine Antwort, die der historischen Entwickelung und den Anforderungen beider Parteien entsprach, nicht geben konnte. Hätte es sich im Grunde nur um die sicilische Frage gehandelt, so wäre man sehr bald zu einer Einigung gelangt, denn gerade dieser Punkt war stets der erste, über welchen man sich einigte, nur die lombardische Angelegenheit bot unüberwindliche Schwierigkeiten. Besonders

---

[1]) Im Jahre 1226 war es noch möglich gewesen, das Zustandekommen hinauszuschieben.

lehrreich sind in dieser Beziehung die Verhandlungen der Jahre 1243 und 1244. Friedrichs Streben bei denselben ging unverkennbar darauf hinaus, einen Frieden zustande zu bringen, nicht nur für den Augenblick nur mit dem Papste, sondern einen solchen, der die Angelegenheiten in Italien in einer Weise regelte, welche Hoffnung auf dauernde Beseitigung der Streitigkeiten gab. Wir sehen dies aus den Anerbietungen, die er machte, aus der Zähigkeit, mit welcher er die abgebrochenen Verhandlungen stets wieder erneuerte, nicht weil seine Lage ihn dazu zwang, sondern weil er es als widernatürlich empfand, dass er mit dem Papste im Kampfe lag, und weil er einsah, dass dieser nie aufhören werde, ehe nicht eine Einigung zwischen ihm und der Kirche über seine Stellung in der Lombardei getroffen wäre. Um eine solche herbeizuführen, machte Friedrich seine Vorschläge, versuchte er nicht auf eine, sondern auf vielfach verschiedene Weise den Papst zufriedenzustellen, ging er bis an die äusserste Grenze der Nachgiebigkeit. Um die Vorschläge bezüglich der Lombardei drehten sich fast ausschliesslich die Verhandlungen, denn über die anderen Punkte, namentlich die, wegen deren Friedrich gebannt war, hatte man sich schnell geeinigt. Aber so viele verschiedene Formen der Lösung dieser Schwierigkeiten der Kaiser auch vorschlug, sie genügten dem Papste doch alle nicht, denn alle gewährten dem Kaiser zu viele Rechte in der Lombardei, was jener im Interesse seiner territorialen Machtstellung nicht dulden durfte, während Friedrich wiederum auf eine unbedingte Unterwerfung unter die Entscheidung des Papstes, die ihn der Erfolge eines achtjährigen Krieges beraubte, weder eingehen konnte noch wollte. Und diese Betonung der lombardischen Frage durch den Papst in dieser Zeit beweist deutlich, dass auch schon vor dem Jahre 1239 die Rücksichten darauf für das Verhalten desselben massgebend gewesen sind, und dass die Gründe, welche für die Exkommunikation Friedrichs in der Bannbulle aufgezählt werden, nichts sind, als ein Versuch des Papstes sein Vorgehen zu bemänteln, da er sich mit den wahren Beweggründen vor das Forum der Oeffentlichkeit nicht stellen durfte.

Dies leitet uns über zur Beantwortung der Rechtsfrage. Je mehr wir da überzeugt sind, dass die ganze Entzweiung von der lombardischen Frage ausging, desto ungünstiger für das Papsttum wird unser Urteil lauten. Der Papst ist es gewesen, der durch seine Einmischung in rein weltliche Angelegenheiten einen Kampf entfacht hat, der zuletzt zum Vernichtungskampf wurde; er ist es gewesen, der in diesem Kampfe die Rolle des Angreifers spielte. Friedrichs Verhalten war von Anfang an versöhnlich und namentlich ängstlich darauf gerichtet, jeden Conflikt mit dem Papste zu vermeiden, wie wir dies an seinen Bemühungen sehen, die päpstlichen Beschuldigungen zu entkräften; als der Kampf nicht zu vermeiden gewesen war, war er doch stets bereit, sobald sich die geringste Hoffnung auf Frieden zeigte, die Feindseligkeiten gegen den Papst einzustellen und er gab sich stets die grösste Mühe, die Forderungen des Papstes mit den seinigen in Einklang zu bringen durch äusserste Nachgiebigkeit; dass es ihm trotzdem nicht gelang, eine Einigung herbeizuführen, dass die päpstlichen Forderungen weiter gingen, als sich mit seiner und des Reiches Ehre vertrug, darf nicht ihm zur Last gelegt werden.

Allerdings darf dabei auch nicht vergessen werden, dass die Päpste, die Friedrich gegenübergestanden, namentlich aber Gregor IX, nicht die ganze Verantwortung für ihr Verhalten zu tragen haben. Ihre Politik war beeinflusst durch Verhältnisse, die nicht sie selbst geschaffen hatten, sie war zunächst nur eine Consequenz der politischen Lage, wie sie Innocenz III auf der Halbinsel begründete. Es ist naturgemäss, dass die Nachfolger und Erben der Politik desselben sich mit aller Macht gegen eine Veränderung dieser Verhältnisse wehrten, und dass sie den von ihrem Standpunkte aus historisch berechtigten Interessen Geltung zu verschaffen suchten. Jedoch muss man sagen, dass sie in diesem Versuche zu weit gegangen sind. Sobald einmal klar war, dass Friedrich auf seine Rechte und auf die im Kriege errungenen Erfolge nicht verzichten würde, da begannen sie in Friedrich das Kaisertum, die weltliche Macht zu bekämpfen, und es wurde für sie der Streit das letzte Glied in der langen Reihe von Kämpfen, welche seit mehreren Jahrhunderten zwischen den beiden höchsten Gewalten der Christenheit geführt worden waren. Beweisend dafür ist auch, dass Innocenz IV nur sehr widerwillig an neue Verhandlungen herantrat, und dass er schon während der Hauptverhandlungen des Jahres 1244 darauf sann, sich durch die Flucht dem Friedensschluss zu entziehen und ausserhalb Italiens die persönliche Sicherheit zu suchen, die er zu seinem letzten Schritt benötigte, während er Friedrich durch scheinbares Eingehen auf dessen Vorschläge in Sicherheit zu wiegen suchte. Friedrich dagegen führte nicht Krieg gegen die geistliche Gewalt, nicht gegen die Kirche, sondern gegen den einen Papst, soweit ihm dieser als weltlicher Gegner gegenüberstand. Erst durch seine Absetzung wurde er überzeugt, dass bei einem solchen Kampfe auf Leben und Tod auch die Institutionen, die von beiden Parteien vertreten wurden, in den Kampf hineingezogen werden mussten. Der Sieg, den das Papsttum hier errang, musste notwendig auch den Untergang des Gegners, das Unterliegen des Kaisertums, herbeiführen, mit dem das letzte Bollwerk sank, das die abendländische Welt vor der gänzlichen Abhängigkeit vom Papsttum bewahrt hatte. Das päpstliche Bevormundungssystem, das diese seit Gregor VII auf alles auszudehnen versucht hatten, war endlich doch durchgedrungen.

Beilage.

Die Beschwerden Gregors IX
von 1236, 1238, 1239.

Beschwerden des Papstes über Eingriffe in Sicilien sind vereinzelt schon seit dem Jahre 1221 vorhanden[1]), und zwar handelt es sich dabei um die Bischofswahlen und die dem Kaiser dabei garantierten Rechte. Der Papst beklagte sich am 21. August 1221, dass Friedrich seine Hände nach den Bischofswahlen ausstrecke, indem er zu den schlechten Gebräuchen seiner Vorfahren zurückkehre, welche er doch abgeschworen habe; er forderte ihn auf, dieselben abzustellen. Friedrich benutzte aber sein Recht, die gewählten Bischöfe zu verwerfen, und so blieben denn mehrere Bistümer frei, bis sie der Papst kurz entschlossen besetzte (25. September 1225). Er ging damit allerdings über seine Competenz hinaus, die ihm nur gestattete, nach der königlichen Bestätigung die Consekration an dem Gewählten zu vollziehen, indessen mag hier die Notlage, die durch die mehrjährige Vakanz geschaffen wurde, diesen eigenmächtigen Schritt entschuldigen, wie denn auch Friedrich selbst sich schliesslich zufrieden gab. Andere Uebelstände mussten dem Papste in der Folgezeit zur Verstärkung seiner Exkommunikationsgründe dienen, als der Bann des Jahres 1227 durch Friedrichs Kreuzzug hinfällig wurde[2]). Es werden da hauptsächlich folgende Punkte geltend gemacht:

---

[1]) Vgl. die Briefe Honorius' III vom 21. August 1221 (R. 178), vom 27. Juni 1223 (R. 232) und vom 25. September 1225 (R. 283).

[2]) März 1228 vgl. oben S. 14.

1) Friedrich lasse den Erzbischof von Tarent sein Amt nicht versehen.
2) Friedrich habe die Templer und Hospitaliter ihrer Güter im Königreich beraubt.

Diese Beschuldigung kehrt später noch öfter wieder, und Friedrich antwortete im Jahre 1238 ausführlich auf dieselbe. So viel wir aus dieser Antwort entnehmen können, handelte es sich hier um die Einziehung derjenigen Güter, die dem Orden nicht eigentümlich gehörten, d. h. die er nicht schon zur Zeit Wilhelms II besessen hatte[1].

3) Friedrich habe den Vertrag mit den Grafen von Celano und von Aversa nicht eingehalten, für den sich die Kirche verbürgt hatte.

Diese beiden Grafen hatten im Jahre 1226 einen Aufstand erregt, den Friedrich nach langen Kämpfen endlich gedämpft hatte. Es ist wahrscheinlich, dass dieselben jede Gelegenheit benutzten, um Unruhen zu stiften, wie denn auch kurze Zeit darauf Raynald von Spoleto als kaiserlicher Legat sich mit ihrer Bekämpfung beschäftigen musste. Bei unserem Mangel an Nachrichten können wir natürlich nicht sagen, auf welcher Seite hier die erste Friedensverletzung lag.

4) Friedrich habe den Grafen Roger, der als Kreuzfahrer unter apostolischem Schutze stand, seiner Grafschaft beraubt, seinen Sohn gefangen gesetzt und trotz aller Aufforderungen des Papstes nicht wieder herausgegeben.

Der Friede von San Germano 1230 brachte auch für diese Thaten Friedrichs die Sühne, indem dieser sich bereit erklärte, die Uebelstände abzustellen. Aber nicht lange darauf finden wir bereits neue Klagen des Papstes[2], zuerst vereinzelt, dann aber plötzlich in geschlossener Masse. Wie dies mit den poli-

---

[1]) Vgl. unten p. 60 und Winkelmann, Friedrich II, II p. 104.

[2]) Am 6. März 1231 (R. 434 p. 350) über Uebergriffe der kaiserlichen Beamten gegen die Bewohner von Esculum.

Am 3. December 1232 (R. 494 p. 398) über die Sarazenen, die die Kirche in Fojano zerstört hatten.

Am 15. Juli 1233 (R. 550 p. 444) darüber, dass Friedrich einige Leute, welche ihn beleidigt hatten, als Ketzer hatte hinrichten lassen.

Dazwischen R. 425, 428, 431, 439, 442, 450 Ermahnungen an Friedrich, den Templern und Hospitalitern ihr Eigentum zurückzugeben.

tischen Ereignissen zusammenhing, ist oben gezeigt worden. Die erste grössere Masse von Beschuldigungen ist die im Briefe vom 29. Februar 1236 [1]), welcher dann unmittelbar die von Rodenberg zuerst herausgegebene „series gravaminum ecclesiae contra Fridericum“ folgt, die im August 1236 dem Bischof von Praeneste übersandt wurde [2]).

Eine Verteidigung gegen den Brief vom 29. Februar versuchte der Kaiser am 16. April, gegen die series gravaminum in sehr wirksamer Weise am 20. September. Infolge derselben fiel fast die Hälfte der Klagepunkte fort, die übrigen traten geordnet und neu redigiert im Oktober 1238 in dem Verhör wieder auf, welches die Bischöfe von Würzburg, Worms, Vercelli und Parma mit dem Kaiser anzustellen hatten [3]). Auch hier besitzen wir eine Verteidigung Friedrichs, wie sie uns, wahrscheinlich nach dem Protokoll, in dem Briefe der genannten Bischöfe enthalten ist [4]). Auf die in der Exkommunikationsbulle von 1239 [5]) angeführten Klagepunkte hat Friedrich eine Verteidigung nicht mehr versucht.

Gehen wir nunmehr die einzelnen Beschuldigungen und ihre Entwickelung in den verschiedenen Stadien der Feindschaft der Reihe nach durch.

Die erste Beschuldigung des Papstes vom 29. Februar, die auch den Anfang der series gravaminum vom August bildete, lautete dahin, dass durch die kaiserlichen Beamten die Kirchen im Königreich Sicilien ihres Freiheitsprivilegs und der Güter, die zu heiligen Zwecken bestimmt seien, beraubt würden. Friedrich machte dagegen mit Recht geltend, dass er so allgemein gehaltene Klagen nicht untersuchen oder abstellen könne; er könne ebenso allgemein darauf antworten, dass er davon gar nichts wisse, es müsste denn sein, dass der Papst die

[1]) B. 678 p. 574. Es sind hier die Punkte 1 bis 7 und 9 bis 14 der series vom August aufgeführt.

[2]) Vgl. R. 695 p. 592 und 700 p. 596. Da diese den Hauptbestandteil der Klagen des Papstes bildet, und alle früheren und späteren, ausser in der Anzahl der Klagepunkte nur geringe Abweichungen enthalten, so lege ich dieselbe der vergleichenden Uebersicht, die ich folgen lasse, zu Grunde. S. die Anlage.

[3]) Vgl. oben p. 35.

[4]) H. B. V, 240 ff.

[5]) H. B. V, 286 ff.

Wahrung königlicher Rechte ein Unrecht nenne. Er trete niemandem zu nahe, wenn er die vom Reiche abgekommenen Besitzungen zurückverlange, oder wenn er mit Kirchen einen Gütertausch vornehme.

Ferner wurde Friedrich zur Last gelegt, dass Prälaten gefangen oder gezwungen würden, in die Verbannung zu gehen. Auch dies leugnete er 1236 geradezu, während er 1238 näher auf die Sache einging. Allerdings seien von seinen Beamten einige Geistliche gefangen gesetzt worden, aber nur, damit sie wegen ihrer Verbrechen dem geistlichen Gericht übergeben werden könnten; einige andere seien wegen Majestätsverbrechens verbannt worden. Dass Geistliche getötet seien, was ihm 1238 zur Last gelegt worden war, wisse er, aber es seien dies der Bischof von Venosa und ein Mönch aus dem Kloster St. Vincenz, die beide von Mönchen ermordet seien; dies komme nur von der Straflosigkeit der Geistlichen, denn in beiden Fällen sei eine kanonische Strafe nicht erfolgt. Dass Friedrich hier um die eigentliche Verteidigung herumgeht, ist unverkennbar, er hat offenbar kein gutes Gewissen. Auch dem Papste erschien die Verteidigung nicht ausreichend, denn er wiederholte seine Beschuldigung in der Exkommunikationsbulle von 1239.

Eine weitere Beschuldigung war die, dass Friedrich Abgaben von der Geistlichkeit erhebe gegen die Bestimmungen des Friedens von San Germano. Indessen hatte Friedrich durchaus nicht in die damals bewilligte Steuerfreiheit seine Sonderrechte an die einzelnen Kirchen eingeschlossen und, wie er mit Recht 1236 wie 1238 betonte, erstreckten sich diese Abgaben der Kirche nur auf die weltlichen Lehen derselben. Jedoch werden wir, so offenbar er gerade hierin Recht hat, die Berechtigung der päpstlichen Klagen anerkennen müssen. Uebergriffe der Beamten konnten im Steuerwesen gar nicht vermieden werden, wie Friedrich selber gesteht[1]), und so ist wohl nicht ausgeschlossen, dass auch gegen Geistliche zuweilen in dieser Beziehung ungerecht verfahren ist. Gregor benutzte natürlich auch diesen Punkt im Jahre 1239, indem er noch be-

---

[1]) H. B. V, 273 „dum contra serenitatis nostrae mandatum ... gravati sunt pauperes".

sonders hinzufügt, dass Friedrich selbst sich solche Uebergriffe erlaubte[1]).

Ferner wird Friedrich beschuldigt, eine Besetzung vakanter geistlicher Stellen nicht zu gestatten. Er bemerkt dagegen, dass er es für besser halte, wenn eine Kirche zeitweilig unbesetzt bleibe, als wenn sie in der Hand eines Widersachers ihm für immer Schaden zufüge. Gegen den allgemeinen Vorwurf, dass er sich Eingriffe in die Besetzung geistlicher Stellen zu Schulden kommen lasse, der im Februar 1236 gegen ihn selbst, später gegen seine Beamten gerichtet ist, verteidigt sich Friedrich damit, dass er nur die Rechte geltend mache, die schon seine Vorfahren ausgeübt hätten, obgleich diese doch bei weitem nicht so mächtig waren, als er, und dass er sich diese Rechte nicht nehmen lassen könne. Auch forderte er im September 1236 den Papst auf, ihm diejenigen seiner Beamten namhaft zu machen, welche die Rektoren der Kirche ein- und absetzten, damit er dieselben gebührend bestrafen könne; bereits im April hatte er betont, dass er deswegen oft Briefe an seine Beamten gesendet und noch zuletzt den Deutschordensmeister beauftragt habe, denselben dahingehende Verbote zu erteilen. Auf die Beschuldigung, dass infolge der beregten Uebelstände ein Cleriker zwölf geistliche Stellen inne habe, geht Friedrich nicht weiter ein, auch wiederholt der Papst dieselben später nicht mehr.

Betreffs des neunten Punktes, dass durch die Bedrückung der Beamten die Predigt gehindert werde, bemerkt Friedrich, dass er solches Vorgehen verabscheue und strafen wolle, doch sei dabei zu beachten, dass unter dem Scheine des Erlaubten Unerlaubtes getrieben würde, indem die Prediger die Güter von Getreuen an sich zögen. So habe es der Bruder Johannes gemacht, der sich dux von Verona und rector perpetuus in seinen Briefen genannt habe, ähnlich auch ein Mönch in Apulien, und dies habe er zu hindern befohlen. Diese Verteidigung muss wohl gewirkt haben, denn im Jahre 1238 finden wir diesen Punkt nur leise gestreift, indem der Papst als Folge der Kirchenvakanzen hervorhebt, dass der Glaube da Gefahr laufe, wo kein Hirte sei, der predige.

---

[1]) per ipsum extorquentur.

Die beiden folgenden Beschwerden betreffen Misstände, welche die Sarazenen in Apulien verursachten. Die Zerstörung einer Kirche erklärt Friedrich für ein Märchen und beteuert, dass er davon keine Kenntniss gehabt habe; dagegen aber spricht, dass ihm der Papst selbst am 2. Dezember 1232 geschrieben hatte, dass die Kirche in Bagno Fojetano von den Sarazenen zerstört sei. Ebenso erklärt der Kaiser es für unwahr, dass die Christen der Herrschaft der Heiden unterworfen seien, im Gegenteil bekehrten sich immer mehr von den Heiden zum Christentum; bereits der dritte Teil sei bekehrt, und Hoffnung vorhanden, dass die übrigen bald nachfolgen würden. Der Punkt kehrt später nicht wieder.

In den nächsten drei Punkten (12—14) führt der Papst Klage über Verletzungen des Friedens von San Germano, die an Anhängern der Kirche begangen würden. Friedrich bestreitet die Wahrheit dieser Beschuldigung bereits im April 1236 und beruft sich darauf, dass die Städte, welche dem Papste Unterstützung geleistet hätten, jetzt ruhig und ungestört unter seinem Regimente sich wohl befänden. Er habe dem Papst nicht eher darüber schreiben wollen, als bis er durch strenge Untersuchung und Bestrafung der Uebelthäter seine Unschuld in dieser Beziehung erwiesen hätte. Dennoch kehrte die Beschuldigung im Jahre 1238 wieder. Damals machte Friedrich geltend, dass die päpstlichen Anhänger ruhig im Königreiche lebten, ausgenommen etwa solche, die Beamtenstellen inne gehabt hätten, jetzt aber die Rechnungslegung fürchteten. Auch diesen stehe die Rückkehr frei, sobald sie Rechenschaft ablegen wollten.

Die nächste Beschuldigung, dass er den Einwohnern von Benevent nicht Gerechtigkeit widerfahren lasse, modificiert der Kaiser dahin, dass er gegen dieselben nur sein Recht geltend mache, wie es durch genaue Untersuchung seiner Getreuen festgestellt sei.

Betreffs des Grafen von Toulouse bemerkt Friedrich, dass er nicht einsehe, warum er von demselben deshalb, weil er gebannt sei, nicht die Leistungen für seine Lehen fordern solle, denn die Exkommunikation solle doch niemandem Abgabenfreiheit verschaffen. Die Beschuldigung kehrt später infolge dieser unwiderleglichen Argumentation nicht wieder.

Dem Archidiakon Alatrin verspricht der Kaiser alles, was ihm genommen ist, wiederzuerstatten, während er den Magister Johann von San Germano gar nicht erwähnt. Den Umstand, dass wir diesen Punkt später nicht wiederfinden, dürfen wir vielleicht nicht mit Unrecht dahin deuten, dass der Kaiser sein Versprechen getreulich erfüllt hat.

Auf die Beschuldigung, dass er die Kirche zu Sora nicht wiederherzustellen gestatte, antwortete Friedrich 1236, dass er Sora nach Recht zerstört habe, und dass er deshalb einen Wiederaufbau nicht gestatte zur Warnung für alle Verräter. Diese Antwort genügte dem Papste natürlich nicht, und er brachte im Jahre 1238 die Sache wieder vor. Diesmal erlaubte Friedrich, dass die Kirchen zwar wiederhergestellt würden, die Stadt selbst aber, wenigstens bei seinen Lebzeiten, nicht wieder-aufgebaut werden sollte. Aber auch damit gab der Papst sich nicht zufrieden, weshalb wir denn in der Exkommunikationsbulle die Sache wiedererwähnt finden.

Die Burg von Monreale, so verteidigt sich Friedrich gegen den neunzehnten Punkt, sei auf Bitten der Mönche zerstört, weil sie von denselben gegen die Sarazenen nicht gehalten werden konnte. Von den Gütern in der Kirche daselbst, die derselben genommen seien, behauptete er nichts zu wissen, doch wollte er alles zurückerstatten lassen, sowie ihm etwas davon zu Ohren käme. Die erste Beschuldigung kehrt nicht wieder, wohl aber die letztere, sowohl 1238 wie 1239.

Die nunmehr folgenden neun Nummern, die in den späteren Listen in eine zusammengefasst sind, betreffen Uebergriffe des Kaisers gegen die Güter einzelner Kirchen. Indem Friedrich zuerst 1236 im allgemeinen auf die ihm gemachten Vorwürfe einging, behauptete er, dass nach seinem Wissen den Kirchen kein Unrecht geschehen sei, denn es sei ihm doch erlaubt, mit denselben Gütervertauschungen vorzunehmen: wenn aber es wirklich vorgekommen sein sollte, dass die Kirchen im Nachteil geblieben seien, so wolle er gern diesen Fehler seiner Beamten wieder gutmachen. Als der Vorwurf im Jahre 1238 wiederkehrte, verteidigte er sich ausführlicher gegen denselben. Er habe auf die Klagen des Papstes seinen Magister Johannes de Tocco in das Königreich gesendet, um Untersuchungen anzustellen. Die Massregeln desselben hätten den Beifall des

Papstes gefunden, doch habe er noch nicht alle Provinzen durchreisen können. Die Burg von Cefalu habe er inne, wie schon seine Vorfahren; dem jetzigen Bischof enthalte er sie noch aus besonderen Gründen vor, denn derselbe sei ein Fälscher und Mörder. Aus Catanea habe er nur Leute seines Domaniums zurückberufen [1], mit den Kirchen von Melazzo, San Eufemia und Torre maggiore nur Gütertausche gemacht. Er fügt 1236 hinzu, dass sich bei solchen Gütertauschen die Kirchen wohl eine kleine Benachteiligung gefallen lassen könnten, ohne gleich über Rechtsverletzung zu klagen, denn dieselben verdankten ihm und seinen Vorfahren doch alles. Aus diesem Grunde hält er auch die Klagen der Cistercienser für ungerechtfertigt, denn dafür, dass er ihnen alle Privilegien bestätigt habe, könnten sie sich auch beim Bau seiner Häuser gefällig erzeigen, zumal er von solchen Geistlichen, die kein Lehen von ihm hätten, derartige Dienste nur bittweise verlange. Die letzte Klage kehrt auch 1238 nicht wieder, steht aber 1239 unter den Exkommunikationsgründen.

Die nächste Beschuldigung, dass fast alle Kirchen ihrer Besitzungen beraubt seien, ist ebenso allgemein gehalten, wie die ersten, weshalb sich auch Friedrich gegen dieselbe nicht besonders verteidigte. Sie kehrt auch in den späteren Jahren nicht wieder. Das gleiche gilt von dem 32. Klagepunkte.

Der nächste Punkt gab Friedrich Veranlassung, nach lib. I tit. IV seiner Constitutionen [2]) den Papst eines Sakrilegs zu beschuldigen, weil er seine Regierungshandlungen bekrittele und diejenigen, die der Kaiser zu Bischöfen erwähle, als untauglich bezeichne; es müsste denn sein, dass der Papst jemanden untüchtig nenne, weil er treu an seinem Herrscher hänge.

Die Beschuldigung, dass die Geistlichen durch die Constitutionen [3]) verhindert würden, gegen die Wucherer mit Kirchenstrafen vorzugehen, wies Friedrich schon im Jahre 1236 entschieden zurück, mit dem Bemerken, dass es ihm sehr unan-

---

[1]) Dadurch dass Friedrich hier von homines spricht, sowie durch die entsprechende Beschuldigung in der series gravaminum von 1236 wird wohl die Lesart hominibus, die H. B. (V, 250) für schlecht hielt, genügend bestätigt.

[2]) H. B. IV, 9.

[3]) Lib. I tit. VI.

genehm sei, wenn seine Beamten die Geistlichen daran hinderten, denn ihm sei es sehr lieb, wenn zu den weltlichen auch noch ewige Strafen kämen. Als der Vorwurf im Jahre 1238 wiederholt wurde, fügte er noch hinzu, dass ja die Constitutionen in Gegenwart der Geistlichen zustande gekommen seien und ihnen den Mut nicht nähmen, mit Kirchenstrafen vorzugehen. In der Exkommunikationsbulle finden wir den Punkt nicht.

Was den Bischof von Gerace anbetreffe, so habe er ihn, der nicht Trabant seines Kämmerers, sondern Notar seiner Kammer gewesen sei, gern anerkannt; wenn bei dessen Consekration etwas versehen sei, so solle der Papst seine Befugnisse gegen den approbans und den approbatus geltend machen, doch wolle er dabei sein königliches Recht an den Temporalien gewahrt wissen. Da wir über die Vorgänge im einzelnen nicht unterrichtet sind, so können wir über die Berechtigung der päpstlichen Klage kein Urteil fällen, doch wird dieselbe nicht sehr begründet gewesen sein, denn wir finden dieselbe später nicht wieder.

Die nächsten beiden Beschuldigungen, dass 14 Cleriker aus Aversa vertrieben und ihre Pfarren einem Trabanten des Johannes de Lauro gegeben seien, und dass in vakanten Bistümern auf kaiserlichen Befehl erste und zweite Vakanzen vergeben würden, erwähnt Friedrich in seiner Verteidigung gar nicht, auch kehren dieselben später nicht wieder.

Dass er einigen Kirchen ihre Juden genommen, weist er zurück: die Juden seien im Königreich seine speciellen Unterthanen, doch habe er, wenn eine Kirche ein besseres Recht auf solche geltend gemacht habe, ihr dieselben gelassen.

Das Verbot in den Constitutionen [1]), dass kein Bischof öffentliche Notare ernennen dürfe, sollte eigentlich den Papst nicht wundern, da solche Ernennungen ein Ausfluss der Machtbefugnisse und Hoheitsrechte seien, die ihm das römische Volk übertragen habe.

Die Beschuldigung, dass nicht erlaubt würde, dass in neu errichteten Orten Kirchen erbaut würden, hätte der Papst nicht glauben dürfen; Friedrich wolle nur, dass solche Kirchen allein von Christen benutzt würden, und dass bei solchen

[1]) lib. I tit. LXXIX.

Kirchen, die auf seinem Grund und Boden errichtet seien, ihm seine Rechte gewahrt blieben. Auch die drei letzten Punkte macht der Papst später nicht wieder geltend.

Den nächsten Punkt, dass Kirchen entweiht und zerstört würden, übergeht Friedrich im Jahre 1236 ganz, während er im Jahre 1238 behauptet, dass er davon nichts wisse, ausser etwa, dass die Kirche in Luceria eingefallen sei, die er nicht nur aufzubauen erlaube, sondern auch den Bischof bei dem Bau unterstützen wolle. In der Exkommunikationsbulle fehlt dieser Punkt.

Den Archidiakon von Salerno habe er, wie auch den Bischof von Cefalu aus dem Reiche vertrieben, da er sie als Ungetreue nicht unter seinen Vasallen haben wollte, ihre Einkünfte habe er ihnen aber gelassen. Die Sache ist damit abgethan.

Gegen die letzte der Beschuldigungen vom Jahre 1236 aber, dass er den Neffen des Königs von Tunis gefangen halte, konnte Friedrich sich nicht recht wirksam verteidigen, da er in diesem Punkte nicht ohne Schuld war. Am 20. September 1236 versprach er nur, den Punkt noch einmal untersuchen und wenn erwiesen werde, dass sich der Prinz nur, um getauft zu werden, nach Rom begeben wollte, ihn befreien zu lassen. Augenscheinlich aber fiel diese Untersuchung zu Ungunsten des Prinzen aus, und musste so ausfallen, da derselbe vom Kaiser auch aus politischen Gründen festgehalten wurde [1]). Der Einwand, den der Kaiser in einem uns verlorenen Briefe gemacht hatte [2]), dass der Prinz zur Taufe die Einwilligung seines Oheims haben müsse, wies der Papst als nicht stichhaltig zurück [3]), und so kehrt die Beschuldigung im Jahre 1238 wieder. Friedrich behauptet dagegen, dass der Prinz nicht um sich taufen zu lassen, sondern um Nachstellungen zu entgehen, nach Sicilien gekommen sei, dass derselbe nicht gefangen gehalten werde, sondern frei in Apulien umherziehen könne, dass er sich überhaupt nicht taufen lassen wolle, wie er auf mehrfaches Befragen erklärt habe; sollte er doch noch den Wunsch aussprechen, so werde der Kaiser es gern erlauben. Dass der

[1]) Vgl. Winkelmann II, 108 ff.

[2]) Derselbe wird von Friedrich erwähnt am 20. September 1236 H. B. IV, 912.

[3]) Am 23. October 1236, R. 703 p. 603.

Prinz einen solchen Wunsch nicht aussprechen konnte, ist klar, ebenso dass dem Papst eine solche Antwort nicht genügte, weshalb wir auch diesen Punkt in der Exkommunikationsbulle wiederfinden.

Mit diesem Punkt schliesst die Series gravaminum von 1236. Indessen finden sich in den späteren Jahren noch verschiedene Klagen über Unthaten Friedrichs. Zunächst in der series gravaminum von 1238 die Beschuldigung, dass Friedrich die Templer und Johanniter ihrer Güter beraubt habe. Die Klage hatte der Papst schon oft geführt[1]); jetzt verteidigt sich Friedrich, dass er den Orden nur solche Güter lassen könne, die sie schon beim Tode Wilhelms II gehabt hatten, diejenigen dagegen, die sie während seiner Minderjährigkeit von seinen Feinden erhalten hätten, oder Privatgüter, welche sie durch Kauf erworben, ohne sie binnen Jahr, Monat, Woche und Tag wieder zu verkaufen[2]), könne er ihnen nicht lassen, denn sonst würden sie in kurzer Zeit das ganze Königreich Sicilien an sich bringen.

Betreffs des Petrus Saracenus und des Jordanes bemerkt Friedrich, dass er jenen festhalte, weil er ihm die schlimmsten Nachstellungen bereitet habe; auch sei derselbe kein Gesandter des Königs von England an den Papst gewesen; den Jordanes verspricht er freizulassen, wenn derselbe Bürgen stelle, dass er sich nicht in der Lombardei und der Mark Treviso aufhalten werde; der Erzbischof von Messina habe aber eine solche Bürgschaft nicht auf sich nehmen wollen.

Was die Aufstände in Rom betrifft, so war der Papst vollkommen berechtigt dazu, die Schuld dem Kaiser teilweise zuzuschieben. Er hatte fortwährend mit den Anhängern desselben zu kämpfen, und der Kaiser gestand selbst zu, dass er sich in die Streitigkeiten der beiden Parteien in Rom gemischt habe.

Dass er den Cardinalbischof von Palestrina zu fangen befohlen hätte, bestreitet Friedrich entschieden, obwohl er es hätte thun können nach dem, was der Cardinal gegen ihn in der Lombardei gewirkt hatte. Wir müssen dies für richtig halten, denn Friedrich hatte denselben sogar gewarnt, seine Legatenstelle in der Provence anzutreten[3]).

[1]) Vgl. oben p. 60 Anm. 2.

[2]) Nach lib. const. III, tit. XXIX.

[3]) H. B. V, 259.

Der Hauptpunkt jedoch ist der letzte, worin der Kaiser beschuldigt wird, durch seine Hartnäckigkeit in der lombardischen Frage die Wiederherstellung des Rechtszustandes im Reiche und das Zustandekommen eines Kreuzzuges zu hindern. Es ist nach dem oben Ausgeführten nicht nötig, hier noch die Unrichtigkeit dieser den Thatsachen gerade widersprechenden Behauptung zu erweisen. Jedenfalls gab sie dem Kaiser Gelegenheit, sich ausführlich dagegen zu verteidigen und zwar so wirksam, dass im Jahre 1239 nur im allgemeinen gesagt wird, der Kaiser hindere einen Kreuzzug und die Ordnung des Reiches, während der Grund ganz fortgelassen wird. Sonst finden wir die letztgenannten Punkte von 1238 auch in der Exkommunikationsbulle von 1239, wo dann noch ferner hinzukommt die Besetzung der Insel Sardinien und der zur Erbschaft der Adelasia gehörigen Länder, die erst im October 1238 ausgeführt war.

Betrachten wir die Klagepunkte noch einmal im Zusammenhang nach Ausscheidung derjenigen, die nur im Jahre 1236 vorkommen, und bei denen man schon aus ihrem Fehlen in den späteren Jahren auf ihre Unwichtigkeit schliessen kann, so finden wir, dass von einer persönlichen Schuld Friedrichs nur in zwei Fällen die Rede sein kann, bei der Gefangenhaltung des Prinzen von Tunis und der Erregung von Unruhen in Rom. Anderes fiel seinen Beamten zur Last, und konnte der Papst in letzter Linie ihn selbst dafür verantwortlich machen, doch waren dies minder wichtige Sachen, wie etwa Uebergriffe bei Gütertauschen u. dergl. In den meisten Punkten war Friedrich aber entschieden in seinem Recht. Jedenfalls müssen wir sagen, dass alles Unrecht, was Friedrich gegen den Papst gethan hat, nicht die Schritte rechtfertigt, die dieser gegen ihn that, und dass die Uebersicht über die gesamten Klagen des Papstes erst recht den Eindruck festigt, dass etwas anderes das treibende Element in dem Vorgehen Gregors IX gewesen ist.

www.ingramcontent.com/pod-product-compliance
Lightning Source LLC
Chambersburg PA
CBHW021531270326
41930CB00008B/1197